# 前言

家庭作业是课堂学习的延伸，也是对所学重点知识的巩固，更是检验孩子对所学知识掌握程度的一种方式。孩子做好家庭作业，既是良好学习习惯养成的重要途径，也是搞好复习、理顺知识的最佳手段。总之，写作业是孩子学习必不可少的一个环节。但很多妈妈一提起孩子做作业这件事就感到头疼，因为很多孩子在写作业方面都存在一些问题。

比如，一些孩子磨磨蹭蹭，明明 20 分钟能完成的作业，他却东张西望，一会儿看电视、一会儿吃零食，两个小时还写不完；写作业偷懒，故意漏掉题目，撒谎没有作业，抄袭作业；字迹不清，很潦草，态度不端正；各种原因的粗心马虎，各种错误都以"粗心马虎"为借口；遇到不会的题目，不懂得自己思考，总想着让妈妈帮忙解决……

这些问题在年龄小的孩子身上尤为突出。其实，处在小学阶段的孩子，由于自我意识还不成熟，在他的思想里责任意识还没有真正建立起来。所以，这种边做边玩、敷衍了事、能偷懒就偷懒、能糊弄就糊弄的情形就比较普遍了。而如何解决这些问题，让孩子的作业写得更顺利，让他的学习更有效，是很多妈妈都不得不面对的。

这就涉及辅导孩子写作业这个话题。

辅导孩子学习是每个家庭很重要的一件事，也是令很多妈妈都感到困惑的一件事：要不要辅导孩子做作业？怎么辅导？事无巨细，还是大而化之、得过且过？当孩子遇到独立解决不了的问题时怎么办……一系列的问题摆在我们面前，我们应该如何应对呢？

在现实生活中，尽管很多妈妈在辅导孩子写作业这件事上付出了很多，但总是因种种原因而收效甚微。怎么办？其实，要想让孩子认真完成作业也不是很难的一件事，只是一个习惯的养成而已。但在这个过程中，妈妈扮演了重要角色，既要提高孩子对作业的认识，也要培养他独立完成作业的能力，更重要的是针对孩子写作业遇到的各种问题"找准原因，下对方法"。

原因怎么找，方法怎么下？

这本《好妈妈应该这样辅导孩子写作业》就能在最大程度上帮助妈妈们解决这个问题。本书从"充分的亲子沟通是辅导孩子写作业的基础；探究孩子不愿意写作业的原因及对策；孩子写作业常见问题的应对；辅导孩子写作业的技术；妈妈做好应该做的"功课"才能跟孩子"合力"完成作业；孩子粗心马虎的表现及应对方法；指导孩子写完作业要检查和善后；让孩子爱上写作业的技巧——肯定、表扬、示范等；注意其他问题，全面提升作业辅导的效果"九个方面，全面剖析了孩子不愿意写作业、写作业效率低下、马虎大意、做前不审题做后不检查等情形产生的原因，并给出了行之有效的指导方法，从而让孩子爱上写作业、高效率地完成作业。只要妈妈们能够活学活用这些方法技巧，辅导孩子写作业就是一件很简单的事。

# 好妈妈应该这样辅导孩子写作业

鲁鹏程 著

让孩子成绩快速提升的家庭作业辅导法

北京理工大学出版社
BEIJING INSTITUTE OF TECHNOLOGY PRESS

**图书在版编目（CIP）数据**

好妈妈应该这样辅导孩子写作业：让孩子成绩快速提升的家庭作业辅导法／鲁鹏程著. —北京：北京理工大学出版社，2017.5（2020.12重印）

ISBN 978－7－5682－3872－4

Ⅰ.①好… Ⅱ.①鲁… Ⅲ.①小学生-课外作业-教学辅导-家庭教育

Ⅳ①G622.46②G782

中国版本图书馆 CIP 数据核字（2017）第 060642 号

出版发行／北京理工大学出版社有限责任公司

社　　　址／北京市海淀区中关村南大街 5 号

邮　　　编／100081

电　　　话／（010）68914775（总编室）

　　　　　　（010）82562903（教材售后服务热线）

　　　　　　（010）68948351（其他图书服务热线）

网　　　址／http：//www.bitpress.com.cn

经　　　销／全国各地新华书店

印　　　刷／三河市华骏印务包装有限公司

开　　　本／710 毫米×1000 毫米　1/16

印　　　张／15　　　　　　　　　　　　　　责任编辑／闫风华

字　　　数／214 千字　　　　　　　　　　　文案编辑／闫风华

版　　　次／2017 年 5 月第 1 版　2020 年 12 月第 14 次印刷　　　责任校对／周瑞红

定　　　价／35.00 元　　　　　　　　　　　责任印制／李志强

# 目 录

# 第一章

## 辅导孩子写作业的基础
## ——充分的亲子沟通与互动

孩子写作业这件事在很多家庭里都是个问题，身为妈妈的我们都会担负起辅导的重任，以帮他最终完成作业。可是，怎样的辅导才是不会让孩子反感的，才是有效的呢？这里有一个前提，那就是充分的亲子沟通和互动，这也是辅导孩子写作业的基础。因为当我们能与孩子有良好的沟通和互动时，他才会理解我们、理解作业，并变得主动、认真起来。

# 好的关系是一切教育的基础

对每一位妈妈来说,教育孩子都是非常重要的事情,甚至可以说是母亲人生中最重要的一件事。而一提起教育,各位妈妈又都会有自己的一套方法。所有的妈妈都希望能够让孩子从自己的教育方法中受益,但这只是我们个人的希望,孩子一路走来的表现与成长,才是检验妈妈教育是不是有效的最佳标准。

如果仔细观察一下,我们就能发现这样一个规律:那些能和孩子处理好关系的妈妈,往往都能取得教育的成功;而相反的,和孩子关系紧张,甚至关系变得恶化的妈妈,一般都会对教育感到分外头疼,孩子多半也会不那么听从管教,各种问题也层出不穷。

之所以会出现这样的结果,是因为妈妈与孩子的关系非常紧张,结果妈妈对孩子每一次的教育,在孩子看来都像是妈妈在找碴儿,不管妈妈说什么,孩子都不愿意听,甚至还会故意对着干,于是妈妈不得不使用更为严厉的教育方式,但与之相应的,孩子的对抗情绪也就越发强烈,最终教育的效果当然也就差强人意,妈妈自然也会觉得教育是一件很难的事。

就拿辅导孩子写作业这件事来说,这也是家庭教育中的一项重要内容。这件事当然也是需要我们与孩子保持良好关系的。假如妈妈与孩子没有良好的关系,那么每次妈妈只要一催促孩子写作业,他就会认为妈妈又在挑他的毛病了,而如果妈妈说的话稍微重了一些,孩子也会感觉妈妈就是看自己不顺眼。其后果就是,孩子要么就此感到很失望,要么会产生逆反心理,进而和妈妈较劲。孩子会认为,妈妈对自己总是不满意,却压根儿就没注意妈妈其实是想通过某种教育方式来帮他养成认真写作业的好习惯,是在为他好。

由此可见,是否有好的关系,将会影响孩子对教育的看法与感受。我们若想要对孩子开展教育,首先不要着急选择合适的教育方法,而是先要考虑该如何与孩子保持良好的亲子关系。因为种种事实表明,妈妈与孩子之间的良好关系,才是一切教育的基础。

**好的关系,会让孩子不那么紧张。**

其实在孩子心里,妈妈是最疼爱他的人,他更愿意和妈妈撒撒娇,更愿意享受妈妈带给他的温暖,当然,他也还是愿意认真地听妈妈的话,或者按照妈妈的话去做的。

如果妈妈和孩子有很融洽的关系,那么孩子就会身心放松,他在妈妈面前也就会有非常自然的表现,不管做什么他都不会感觉很紧张,即使是在妈妈教育他的时候。因为好的关系让他意识到妈妈这是爱他的表现,也会感受到妈妈想让他变好的心思,所以他不会有抵触心理,妈妈说的话他也会听得进去。

**好的关系,会把严肃的教育变成温馨的提示。**

在孩子眼里,教育都是严肃的,是枯燥的,也是很让人紧张的,所以他多半都会觉得受教育的时间很难熬。但假如孩子与妈妈有良好的亲子关系,那么妈妈就不会对孩子的问题感到愤怒,而是能以一种充满慈爱的长辈的心去帮孩子处理问题。这时,妈妈的教育在孩子看来就不会显得那么冷冰冰的,而是充满了对自己的担心与爱护,他也会更能体谅妈妈。

**好的关系,可以让孩子在不知不觉中成长。**

正因为妈妈与孩子关系良好,所以妈妈对孩子的教育就能顺利进行,而且能够自然地体现在日常生活中。这就让教育变成了一种生活的常态,而不是让孩子闻之紧张的难熬时刻,孩子就能自自然然地从妈妈的教育中受益。

　　说到辅导孩子写作业这件事,作为学习教育的一部分,我们也不要觉得很平常或者觉得无计可施,怎么才能让孩子认真、主动且很好地完成作业,除了多找一些合适的辅导方法之外,还是先从和孩子搞好关系开始做起吧,这是前提,也是基础!

# 聆听孩子说话，加深亲子间的沟通

若要改善亲子关系，我们首先应该做什么呢？没错，那就是要加深与孩子之间的亲子沟通。因为沟通可以帮助我们和孩子互相了解彼此的内心所想，很多问题也能在交流中得到显现与解决，当我们和孩子彼此将话都说开之后，内心的各种隔阂也就随之消失了。所以，我们应该重视与孩子的沟通。而沟通的一个最基本也是最重要的要求，就是要聆听孩子说话。

提到这一点，有的妈妈会有疑问了，辅导孩子写作业和听孩子说话、与他加强沟通之间，有什么必然的联系吗？当然有了！

想想看，孩子为什么不愿意写作业？孩子对作业有什么看法吗？孩子对写作业这件事有什么感觉吗？孩子有没有什么其他事情想要告诉我们？是不是恰恰就是因为这些其他的事情才让他没法集中精神呢？这样一系列的问题，如果不和孩子进行沟通，那么我们可能将永远不知道，正是因为不知道这些问题的答案，所以我们对孩子单纯地催促，就会让他觉得"妈妈一点都不理解我"，结果我们本来好意的督促却变成了孩子耳中的"唠唠叨叨"，他内心的一些问题自然得不到解决，而他的感受我们也不能理解，结果就导致他心情极其不好，在面对枯燥烦琐的作业时，他可能就会更加不愿意去写。

所以，在做作业这方面的教育，先别急着催促孩子必须去写，我们理应先把沟通这件事做好，通过聆听孩子的说话，对他有更深刻的了解，然后再去想办法解决他写作业这个问题。

说到听孩子说话这件事，有一位妈妈是这样做的：

孩子每天都不能主动写作业，妈妈决定问问他原因。孩子开口解释说:"那些东西我都会了……"只听到这里,妈妈就打断了孩子的话,说道:"会了?什么会了?就你学那点儿东西还敢说会了?老师留作业干什么的?就是让你巩固的,你还大言不惭。既然会了,每次考试怎么才考那么点分数?净说谎!还跟我这儿装蒜!我看你就是欠收拾!"

孩子接下来一句话都没说,妈妈的训斥却越来越严重,孩子的眼圈慢慢地红了……

这就是一个失败的沟通事例,妈妈在沟通上犯了错误,结果导致沟通失败。那么为了避免沟通失败,我们在沟通方面该注意哪些问题呢?

**第一,多让孩子表达自己。**

提到沟通,我们会想到聊天、交流,可是在我们与孩子之间,真正做到沟通了吗?很多妈妈所谓的"沟通",都只是自己一个人在那里"尽情"表达自己的意见。妈妈喋喋不休,孩子根本插不上嘴,就只能被动地接受这些话。这怎么能是沟通呢?这就只是单纯地说教。

真正的沟通是指对话双方都有发言,而放在我们和孩子中间来说,我们此时就要让嘴巴和耳朵协调一下工作了,嘴巴少说一些,耳朵则要多"工作"一些。只有多让孩子说话,多让他表达自己,我们才会知道孩子的想法,哪怕只多一句话,我们也不会有误解,也就不会只从我们自己的意愿出发,出现强迫孩子或者误解孩子的情况了。

**第二,耐下性子来聆听。**

有的妈妈又会说了,本来孩子不写作业或者不好好写作业就已经够让人着急的了,再听他唠叨一番,甚至还有可能说到作业以外的事情,这真是考验人的忍耐性。

这样的态度就是一种抱怨的态度,带着这样的抱怨或者带着对孩子没有完成作业的愤怒去聆听孩子的话,不管怎么听,我们恐怕都会觉得孩子是在狡辩或者是在逃避责任。所以,先不要那么着急,不如先放下其他事情,使自己先放松下来,用一种和善的态度,耐着性子,就好像是孩子的朋友那样去聆听,听听孩子的话。听到他的心里话,了解了孩子的内心,我们就可以做到攻心为上,到时候再进行教育,孩子一听即懂,他做作业的效率自然也会有所提升。所以,别怕耽误这样的时间,因为"磨刀不误砍柴工"。

💚 第三,别打断,别断言,别言重。

很多妈妈也犯这样一个毛病:孩子的话刚开了个头,也许是不合妈妈的心意,也许是妈妈认为这样说有问题,于是她直接就会打断孩子的话,然后就很肯定地说孩子如何如何,而这话往往也说得非常重,有时候会让孩子无法接受。

这也是聆听的大忌,既然是听,我们就要好好听,前面说到让我们的耳朵好好工作,就是这个意思。孩子的话刚开了个头,还没有说完,我们怎么知道后面又会有怎样的转折呢?也许他下一句说出来的就是让我们恍然大悟而且能感到欣慰的话呢?所以此时应该尊重孩子说话的权利,并且给他一些讲话的自由,听他把话说完,再去对他完整的话进行分析,然后才能得出结论。

而听完之后,我们要有适当的反应,要保持冷静,更要有和善的态度,别尖锐地反驳孩子,也别很严肃地用很重的话批评他。其实说到底,不就是一个写作业的问题吗?没必要那么严重,我们越是轻松和善,越是尊重孩子,我们的教育也就越容易被孩子所接受。

# 让孩子愿意说的几个小技巧

有的妈妈对孩子的嘴有这样一种形容,说它就像是最精密的保险柜,怎么撬都撬不开,如果硬去撬,很可能这个保险柜就彻底崩坏了。意思就是,妈妈若想要从孩子嘴里听到点什么东西,真是比登天还难。就拿做作业这件事来说,我们无非就是想知道孩子是怎么看待作业的,还有他为什么不写作业,或者为什么不能很好地完成作业,可他总也说不出个所以然,这个"保险柜"无论如何都撬不开。

这是自然的,最精密的保险柜都是有一系列开锁密码的,生硬地撬只是在做无用功,如果撬得不对,保险柜当然会启动自毁装置,而只有用对了密码,才能毫不费劲地把柜门打开,里面的东西也会一目了然。

其实,我们如果能掌握一些沟通小技巧,这就好比是掌握了打开孩子这个保险柜的密码,当密码用对了,孩子的心扉还愁打不开吗?

下面,我们就来学习几个让孩子愿意开口的小技巧。

🍃 技巧一,丰富我们的表情。

有一个孩子这样形容妈妈听自己说话的表情:"每次我跟妈妈说话时,她都好严肃,就好像戴了个纸面具,除了眼睛动动,脸上什么表情都没有。结果我说不了两句,就觉得好害怕,妈妈越是没表情,才越让我觉得没底啊!所以我总是说不了几句就赶紧结束。"

也许这位妈妈并没有其他的意思,只是听的时候觉得没必要有那么多表情。可我们的这些表现却很容易给孩子造成误解,让他认为我们对他的话不重视,或者对他的话不满意,进而就会导致他不敢多说,还可能会导致他再也不愿意说。

其实,孩子对妈妈的表情都很敏感,哪怕是一个小变化,比如我们的眉毛挑一挑,嘴角动一动,这些小动作都能引起他的各种不同的心理反应。所以,我们也该让自己的表情丰富起来,别总板着脸,和孩子说话,我们应该多放松一些,不是吗?多多微笑,这会让孩子也跟着放松,他会更愿意说下去;在听孩子说话的同时,要适当地睁大眼睛、眨眨眼睛,或者张张嘴、点点头、皱皱眉,我们丰富的表情会让孩子知道,妈妈对他的话是在意的,他自然会愿意继续说下去。

🍃 技巧二,创造一个愉悦的氛围。

在很多家庭里,妈妈与孩子之间的沟通,总是搞得跟审讯似的,妈妈正襟危坐,孩子老实地低着头或坐或站;妈妈严肃地问,孩子小心翼翼地答;妈妈越说越严肃愤怒,有时候还会加上拍桌子、高声吼叫这样的动作行为,孩子则越说越胆战心惊,直到最后不敢开口——这样的沟通显然不能顺利进行。

所以别这么"中意"这样的沟通方式,和孩子沟通,哪能把气氛搞得那么剑拔弩张呢?越是融洽、愉悦的气氛,越能让孩子感到轻松,他说起话来才不会那么遮遮掩掩,这样才能达到沟通的效果。

我们其实应该期待和孩子的交流,而在交流之前,不要想着"这熊孩子又给我出什么难题、惹什么祸了",完全可以换一个角度去想:"孩子今天会遇见什么好玩的事呢?如果能和他一起分享、感受快乐,那真是太好了;就算他有烦恼,如果愿意告诉我,如果我能帮到他,那他也会开心吧。"这样的想法会让我们的内心也变得轻松起来,同时也能促使我们更愿意为孩子着想。

当然,除了心理的调节,我们还可以在环境上有所布置,比如,给孩子准备爱吃的水果,给他倒上一杯水,到他的房间里和他一起坐在玩具堆里,等等。环境的改变,也会让孩子对与妈妈进行沟通这件事有不一样的认识。

🍃 技巧三,集中注意力。

和孩子沟通还有一个很重要的要点,那就是要集中自己的注意力。虽然孩子说的都是他身边的小事,有的很幼稚,有的对于成年人来说可能很无聊,有的干脆就是一种错误的想法,但我们却不能因此而表现得心不在焉,否则孩子会认为"反正妈妈也不爱听,我说不说无所谓",最终他可能会不再愿意和我们分享他的那些小事。

所以,我们该集中注意力去听孩子说话。认真听的一个重要表现,就是我们能注视着孩子的眼睛,这是一种尊重。不过,也不能死死地盯着他看,而是要在他说主要部分时认真看,说其他部分时可以把视线偶尔移开一下。

还有就是,我们要暂时放下手中的其他事情,尤其是把手机、iPad 之类的电子产品放下。我们的注意力集中,对孩子也是一种鼓励。

🍃 技巧四,要和孩子有来言也有去语。

其实沟通之所以叫沟通,就是因为谈话双方能通过话语将自己的内心所想传递给对方。如果只是孩子自己在说,我们一直保持沉默,这也会让孩子开始胡思乱想,认为我们是不是对他的话不管兴趣,或者认为我们是不是根本没在听。

所以,当孩子说话的时候,我们也要适当地给一些搭话,比如,简单的"嗯""是的""对呀""我能理解""我也这么想",等等。这样的搭话不同于打断,而是一种很自然的接应,这就是在告诉孩子,我们对他的话感兴趣,而且这样的搭话正在帮他将这个谈话继续下去。

其实和孩子的沟通还有很多其他的技巧,只要有心,我们没准儿也能发现和自己的孩子沟通的好方法。总之,只要孩子愿意开口,我们何不多费费心思呢?

# 鼓励孩子说出心中的喜悦与烦恼

关于做作业这件事，在不同的孩子身上，也是"几家欢喜几家愁"的，即便是在同一个孩子身上，也可能会是"东边日出西边雨"——昨天还好好的，感觉很开心，今天没准儿就觉得闹心了。

而同样的，我们当然也会因为孩子的作业这件事儿有不同的情绪，看到孩子主动完成作业会觉得高兴，看到他不写作业或者不好好完成作业也会觉得很烦躁。

可是，很多妈妈似乎只顾着关注自己的心情了，而并没怎么在意孩子的心情。妈妈高兴的时候，可能对孩子做作业这件事就只是简单地提点几句，或者对孩子完成作业的行为表扬一下；可如果妈妈生气了，没准儿就是一番劈头盖脸的训斥。

在孩子看来，他的高兴烦恼都被忽略了，却只能跟着妈妈的高兴烦恼去行事，这显然是不公平的。所以，我们与孩子的沟通，除了听他说说平常事，也要鼓励他说出自己心中的喜悦与烦恼，让孩子的情绪也有一个发泄的通道，让他的心情也能通过发泄最终平静下来，从而更好地去应对自己该做的事情。

关于喜悦，孩子其实都很愿意和我们分享。那么，当孩子兴高采烈地把他遇到的高兴的事情告诉我们时，我们可要立刻融入他所创造的那份喜悦的氛围中去，要听听他为什么高兴，了解一下详情，和他一起开怀一笑，给他一些鼓励。

这个时候，可别一脸无所谓哦！不要板着脸对孩子说："整天就知道嘻嘻哈哈，你有没有一点正事？作业做了吗？每天回来先做作业才对，你……"这样的话多煞风景！换位思考一下，当我们很开心地和别人说高兴的事情时,对方如果有类似这样的话一出口,无疑就是给我们的脑袋上泼了一盆凉水,透心凉的感觉当然很难受,原本愉悦的情绪也会随之消失。孩子对这样的感觉会感受得更为深刻,所以千万别在他高兴的时候给他泼冷水。

我们要做善解人意的妈妈,和孩子分享他的快乐,这会让他感到更加快乐。而觉得快乐的孩子,心情相当不错,也许就会更愿意自己主动做点什么,没准儿自己蹦蹦跳跳地就去写作业了,都不用我们催促,这不正是我们想要的状态吗?

而关于烦恼,我们更要装备一个"头脑小雷达",要善于体察孩子的情绪。一旦发现他皱起了眉头,唉声叹气,或者魂不守舍,那么我们就不妨走上前,温柔地问一句:"怎么了?有什么事吗?介意跟妈妈说说吗?"不要皱着眉说:"又怎么了?整天也看不见个笑模样,又有什么事啊?你倒是说啊!"虽然两种问话的内容都是要让孩子说出自己的烦恼,但明显后一种问话一定听不到孩子的内心所想。

也就是说,对于孩子的烦恼,我们要心怀安慰,不管他烦恼什么,我们都应该是他可以依靠的臂膀,是能给他带来温暖的港湾。可不要觉得孩子很矫情,更不要错误地认为"小孩子能有什么烦恼",否则我们一旦错误地对待了他的烦恼,孩子日后可能也就不再因为烦恼而向我们求援了。

总之,我们应该在家里创造这样一种氛围,那就是孩子觉得家里,或者说觉得妈妈的身边,就是个可以表达任何情绪的地方,这个地方很安全,很温暖,妈妈会认真听,也会给出建议和帮助。孩子的心思都很简单,当他发现妈妈愿意接收他的高兴与不高兴时,他也会在情感上去依赖妈妈,至少他会愿意将自己内心的情绪与妈妈分享,或对妈妈倾诉,这才是我们想要实现的目的,不是吗?

# 认同孩子的心理感受

总会有妈妈把与孩子之间的沟通当成是一种单纯地了解孩子的行为，于是妈妈更倾向于有选择性地听，从孩子的话语中去选择出自己想要听到的内容，而当妈妈已经得到自己想要知道的事情时，这个沟通在妈妈这里可能已经结束了。至于孩子是不是还在继续，妈妈似乎已经毫不关心了。

但是这样的沟通过程是如此冷冰冰，妈妈自取所需，然后自己判断。可是孩子的感受如何呢？孩子如此信任我们，把他内心的世界展现给我们看，我们却只是拿走了想要的东西，丝毫不去管他的心情如何。又或者是，我们只顾着询问，或者只是顺着自己的意愿去交流，完全忽视了孩子内心的感受。久而久之，孩子会觉得和妈妈沟通并不会使他的内心舒服，那么他可能也就慢慢不再和我们多说了。

就拿写作业这件事来说，有的妈妈认为，关于作业的事情，哪里还有什么心理感受，孩子无非就是对作业不想做与不认真做罢了。但不想做也是一种心理感受，不认真做也自然会有不认真的理由，所以此时的沟通，我们不如先从孩子的心理感受入手，先了解他的想法，这样的沟通不仅能顺利进行下去，我们没准儿还能从中收获更多。

这其实就是一个情绪认同的沟通技巧，也就是说，我们应该对孩子表现出来的各种情绪给予理解。

举个例子来说，当孩子一脸郁闷地告诉我们："今天老师真是让人受不了，留了那么多作业！就算是周末，也没必要这样吧！"

此时，有的妈妈可能立刻会接道："老师留作业多也是为了你好，不好好写作业怎么还抱怨起老师来了？"

这样的话从道理上来说没错，可是从情理上来品的话，孩子会觉得自己多么孤立无援啊！他只不过是在表达自己内心的一种情绪,此时他更希望获得妈妈贴心的话语,可他不仅没有从妈妈那里获得一些理解,妈妈反而还对他有了一丝抱怨。

其实,孩子每一次开口都是对我们抱有一定期待的,他希望能得到我们的认同,我们要理解他的这种意图。

那么,此时我们应该换一种回应,可以这样说:"是啊！原想周末好好休息一下,结果来了那么多作业,这还真是让人感觉郁闷呀!"

当我们这样的话一出口,孩子立刻就会感受到我们对他的认同,他也会马上接着说下去:"就是嘛,老师……"而且,这个接话也会非常快,孩子甚至会显得停不下来,他的声音也会相应提升,语速也会加快,有种恨不得把所有话都赶紧说出来的感觉。

孩子的这种变化,就是因为他感受到了我们对他的理解,所以他更愿意将自己内心里更多的东西告诉妈妈。

对于这种沟通方式,我们何不试试看? 对于孩子说出口的话,我们不要总是高高在上地给他各种说教,而是贴近他、理解他,帮他发泄情绪,认同他的心理感受,相信我们的孩子也会慢慢愿意和我们沟通的。

当然了,我们也可以表达自己的意见和建议,只不过我们也要换一种方式,不要像前面那样直截了当地告诉孩子:"老师是为你好。"而是等孩子全都说完之后,同样用认同的方式来表达,可以说:"我理解你的感受,要这样度过周末的确挺让人难过。不过,老师也许认为,这些作业的确会对你们有所帮助,所以才狠心了一些,我们也应该体谅她,老师其实很辛苦的。"

这样的表达既能让孩子感受到我们对他的认同,同时也帮他解除了对老师的抱怨,这才是孩子愿意接受的沟通。

所以,和孩子沟通,最重要的就是对他心理感受的认同,要理解他当时的心情,让他有表达情绪的渠道,帮他解决各方面的问题,并摆脱各方面的烦恼与不安。长久下去,我们和孩子之间就能建立起良好的沟通关系,进而建立良好的亲子关系也就不那么困难了。

# 先跟孩子聊"玩",再聊"学"

很多妈妈都有这样的两种经历,和孩子说话时,如果开口第一句是有关学习的,不管是不是孩子感兴趣的学习内容,他的情绪都不会多么高涨,而他的回答有时候会很简单,有时候会很敷衍,有时候还可能会很厌烦。可相反的,假如我们第一句话是关于玩的,不管是什么,孩子一定都会很有兴趣,他可能还会东拉西扯说上一堆,如果我们顺着他接话,他的情绪会格外高涨。

这其实就给了我们一个信号,那就是和孩子聊天,我们应该选择好切入点。首先要让孩子对这样的一次沟通产生足够的兴趣,然后再慢慢地将他的注意力引导到我们想要说的事情上去。

比如,我们想要和孩子聊聊他作业的事情,如果一上来我们就说:"你看你这次的作业,错误这么多,还有的地方没写完,你一定是不认真了,是知识没学会吗?不会可以问问老师呀!"不管我们用多么温柔的语气,只要聊天的内容是学习,孩子都会变得情绪低落,就算他表面上不会表现出很厌烦,但他会选择沉默,安静地窝在一个角落,低着头、玩着手指,然后听着我们说话,直到我们说完,他可能都不会换一下姿势。

这其实就是孩子的一种软性抵抗,他在用这样的一些行为来提醒我们:"我并不愿意讨论这个话题。"那么,我们就该换一种表达了,不如先和孩子聊聊他喜欢的"玩",然后再过渡到"学"。

❧ 第一,选择合适的玩的话题。

即便是和孩子聊"玩",也不是随便什么都能说的,太简单的玩不会提起孩子太大的兴趣,这个谈话可能依然无法进行下去;太过劲爆的玩的话题,又可能会让孩子的注意力完全被玩所吸引,可能会导致他对后面的学习话题完全不理会。所以,我们也要选择一个比较适中的玩的话题。

比如,可以就孩子最近喜欢玩的内容开始说起:"前两天看你和伙伴们在小区里玩得挺开心,那是什么游戏?"或者"爸爸给你买的那套模型,最近看你给他们换了个造型摆,挺有创意呀。"也可以从孩子一直都比较感兴趣的游戏开始说起:"我听说你和邻居叔叔去下了一盘围棋,最终战果如何?"或者"昨天我发现你滑轮滑的姿势挺好看的,看来你下了不少功夫呀。"当然,还可以问一些关于游戏的问题:"我也觉得你玩的那个升级游戏挺好玩的,可是我就卡在一个地方怎么也过不去,你有什么好建议吗?"等等。

这样的话题会把孩子拉进一个愉快的谈话氛围之中,只要他愿意开口,那么我们就能找到合适的插入学习话题的机会。

🍃 第二,用自然的方式插入学习的话题。

玩与学,对于孩子来说,这是两个完全相反的概念。如果要说起玩,那孩子会希望一直说下去;如果要说学,孩子当然希望永远不要提。可这是不可能的,我们和孩子聊天的目的,就是为了要说一说他的学习,说说与他的作业有关的问题。所以,为了让孩子不那么反感,我们就要选择自然的方式来把学习这个话题插入到聊天之中。

比如,我们可以这样说:"听你说这游戏这么好玩,我都想玩了。啊,这样吧,等你写完作业,检查没问题了,我们一起玩怎么样?作业困难吗?有问题可以说,妈妈可是要一直等着哦!"这样的一个插入,孩子会想到"我要赶紧写作业,而且要把作业写正确,如果有困难最好也赶紧说出来,这样才能保证更快速地完成作业",这就是一个自然的引导,也许不用催促,孩子自己就能主动解决作业中的各种问题了。

🍃 第三,最好能让孩子在愉快中结束话题。

既然我们用"玩"来开了聊天的一个好头,那么也应该让孩子在愉快中结束这个话题。如果开始孩子挺高兴,结果到最后因为说到了学习而变得不高兴了,那么这个谈话就不算成功。

　　所以，从始至终，我们谈论的语气都应该轻松一些，即便是插入了学习，也要想着将话题重新绕回到玩上，就如第二点中提到的那个例子，让孩子既感到期待，同时也意识到了自己的责任，他能高兴地、主动地去做我们希望他做的事情，这样的聊天才是我们和孩子都需要的。

# 可以聊的学习以外的话题

相信很多妈妈都有过这样的感觉,只要自己一说起学习,一准备和孩子讨论他的作业,他就会觉得很不舒服,会想方设法躲开这个话题。而孩子之所以会有这样的态度,是因为我们对他的学习太过关心了,结果导致我们可能会因为他的成绩不好而训斥他,因为他作业完不成而指责他,因为他没有达到我们想要看见的学习效果而对他感到失望。其实,孩子会因为我们的这些表现而感到痛苦,当这些痛苦在他内心堆积,他自然也就会想要逃避了。

前面提到,在和孩子聊天时,我们可以先聊玩,然后再说学习,这就是为了避免孩子因为我们总是谈论学习而产生厌烦心理。

那么这个关于"玩"的话题,其实也是包罗万象的,我们不如用这样的一些话题来提升孩子对聊天的兴趣,让他逐渐习惯与我们聊天,习惯将自己遇到的、发生的各种事情与妈妈分享。当孩子足够信任我们的时候,亲子关系也就非常牢固了,到那时再谈论起学习来,应该也就不那么费劲了。

可以和孩子一起说的话题有很多,大致可以分为这样的几类:

**学校类**,就是孩子在学校里的生活,包括他的朋友、老师怎么样,他和谁关系最好,和谁又有些小摩擦,喜欢哪个老师,对哪个老师印象不太好;在学校里发生的或大或小的事情,举行了怎样的活动;上过的课程都是怎样的,他期待上的课程又是什么,在课堂上又发生了什么,等等。

**生活类**,就是孩子在学校以外的生活,当然不是在家里,而是在学校与家之间的地方发生的各种事。包括上学、放学路上遇见了谁,看见了什么样的风景,发生了怎样的事情;在小区里又遇见了谁,看见了邻里间什么样的故事;去买东西或者逛展览等活动时,又发生了什么,等等。

**兴趣类,**包括孩子喜欢的东西和爱做的事情,当然,一定要是正常的东西和正向的事情。尤其是一些新兴的事物,我们最好也能跟得上时代发展的节奏,也对当下孩子们所喜欢的东西有所了解,这样就不会产生所谓的"代沟"了。

**活动类,**包括各种活动,不管是孩子自己想要做的,还是孩子希望全家一起做的,又或者是他和伙伴们一起参与的,只要是活动,都算在其内。而活动的过程、活动中可能需要的技巧、活动的转折、活动的结果等内容,则应该是谈论的重点。

**杂事类,**就是孩子口中的一些闲聊小杂事,包括谁穿了一件新衣服、谁买了一本好看的书,谁的朋友和谁的朋友发生了争吵,谁又出了什么问题;路上的什么花开了,墙角下多了一群猫,屋角的燕子飞回来了,刚刚天上出现了一道彩虹,等等。这样的杂事多得数不清,这其实也是一种放松身心的休闲谈资。

这些话题都能成为聊天的内容,而这些内容显然要比枯燥的学习更能吸引孩子的注意力。总有妈妈生怕其他的话题会扰乱孩子学习的心,其实不然,学习只是孩子生活中的一部分,没必要让他的生活里只有书本,他接触的东西越多,我们和他谈论的东西越多,他的生活经历和眼界也就越丰富开阔,这对他反倒是一件好事。

所以,适当选择这样的一些话题,来调剂、充实我们与孩子之间的沟通,孩子就不会反感与我们交流了。

# 在愉悦的气氛中开始一天的作业

其实前面说了这么多,无非就是想要实现一个目的,那就是要让孩子最终能正面地且愉快地面对他的作业,就是要保证孩子能在愉悦的气氛中开始做作业。

我们应该保持住前面所做的那些事带来的好的效果,同时也要让孩子对作业产生一定的自我责任感,千万不要犯下面这位妈妈这样的错误哦!

又到周末,在这一次写作业之前,妈妈和孩子好好聊了一次。本来妈妈创造了很好的气氛,从孩子感兴趣的军棋游戏开始说起,又说到了孩子这一星期来在学校遇到的各种有趣的事情,母子二人聊得很开心。可是最后,妈妈却是这样的结尾的:"你看,我陪你聊了这么多,其实都是为了你。我本来不懂军棋,结果为了你不得不硬着头皮学,就为了能和你聊天。而且,妈妈还放下了其他的事情,只是专心陪你。所以,看在妈妈这么辛苦的分儿上,你也应该好好写作业了。为了你的作业,妈妈可真是太操心了,你应该自觉啊!周末两天,你好好想想妈妈这几天都为你做了什么,要是再完不成作业或者做不好作业,我估计聊天是不行了,你爸爸那里有皮带,你自己看着办吧。"孩子原本兴奋的表情慢慢消失了,转而低下了头,并皱起眉,最后在妈妈的几声催促下才磨磨蹭蹭地走进自己的房间,摸出了作业本……

原本很好的一次聊天,却被妈妈在最后时刻破坏掉了,孩子的好心情也随着这样一段似诉苦、似责备、似威胁的话彻底飞走了。估计他后面写作业的时候,心情应该也会非常压抑,也许会错误连连,也许还会变得不那么愿意写了。

这样一个小例子提醒我们,在和孩子进行关于作业的沟通时,要让那份其乐融融的气氛一直坚持到底,愉快地开始,更要保证愉快地结束,别让孩子在这样的一次谈话中就瞬间体验冰火两重天的感觉。

身为妈妈，我们应该发挥妈妈的温柔特质，一开始我们要用孩子感兴趣的东西抓住他想要聊天的苗头，让他能开心地和我们一直聊下去，而中途我们可以逐渐将话题过渡到学习上，让他感觉不会那么突兀，反而能自然而然地去思考我们提到的问题，那么到了谈话的结尾处，我们就要保证一种圆满性，让这个话题圆满结束。

当然，可以不用再提及与玩有关的话题，但也不要一下子把气氛转得那么严肃，而是要让谈话的气氛慢慢冷却下来，话语间要有过渡，慢慢地从玩中抽离，然后介入学习话题，让孩子从玩的话题的兴奋中逐渐平静下来，让他渐渐进入学习的平静状态里；也可以不用嘻嘻哈哈，但也没必要太过冰冷，完全可以将语气逐渐归为平静，用自然温和的声音提醒孩子谈话要结束了，他还有他自己该做的事情，他还有作业需要做，或者还有学习的内容需要继续研究探讨。

也就是说，学习前聊天的最高境界，是让孩子意识到他应该去学习了，而且还要让他愉快地去打开作业本。当然，这需要我们多多练习才可能实现，所以一开始的时候也不要太着急，但要保证每次聊天我们都能有所进步，相信要不了多久，孩子也会以一种愉悦的心情去迎接接下来的学习。

# 第二章

# 孩子不愿意做作业
## ——探究背后的原因并找到对策

有个成语叫"事出有因",意思就是不管什么样的事,总会有其原因,然后才导致了现在的结果。孩子不愿意写作业这件事也是有原因的,我们不能盲目地催促、训斥孩子,而是应该探究他"不愿意"的具体原因,并找到对策,这才能做到对症下药,从而解决问题。

# 有的孩子放学后根本不写作业

孩子的作业,应该是他为了完成学习的既定任务而进行的一项活动,或者说是一项任务,包括课上作业与课外作业。课上作业,就是在老师的带领下,孩子们可以当堂进行操作的各种练习;而我们一般提到的作业,都指的是孩子的课外作业,也就是老师针对当天课程所留的、要求孩子在课外时间单独完成的学习活动。

老师之所以会给孩子留需要课下完成的作业,就是为了帮助孩子复习一天所学,并巩固所学到的知识,有时候老师会布置一些这样的作业,即要求孩子对前面学过的知识进行复习。而完成在课外时间需要独立去做的作业,也有助于培养孩子独立学习的能力。

但在很多家庭里,要达成这样的效果只不过是我们的一种美好愿望罢了,甚至可以说是一种奢望。因为有的孩子在放学之后,就好像与学习彻底脱离了关系,只要离开了学校,他就能立刻将所有与学习有关的东西都抛在脑后,甚至可以做到这样一种"极致"的状态:回家时把书包放在一边,等到第二天出门时,书包还是保持原样,都没有打开过。至于说作业,基本上都被他抛到了脑后。

可是第二天,老师会要求孩子交作业,当孩子拿不出作业,或者作业本上一片空白时,老师自然会对他进行一番批评教育。与此同时,老师也会及时通知父母,向他们反映孩子的这一情况。老师的本意是,家校联合,一起督促孩子及时完成作业。然而当我们接到老师的通知时,有多少人可以保持头脑的冷静呢?

很多妈妈会在得知这一消息时,很积极地表示,孩子的确是在作业方面存在很多问题,并许诺一定会好好管教。而当面对孩子时,妈妈就会立刻对他展开一番批评教育,甚至是训斥打骂。妈妈这样做的目的,无非就是想要让孩子重视做作业这件事,并能"痛改前非",开始认真写作业。

很多妈妈也觉得,孩子对写作业的态度不认真,导致自己在老师面前没有面子,这的确是一件很让人不舒服的事情。所以这样的妈妈对孩子的训斥会更为严厉,说出来的话可能也会更狠。

但是经过这样一番训教之后,我们却并不能"如愿以偿",反而很快就会失望。训斥的第二天、第三天,孩子可能会有一点点改变,但接下来的好多天,孩子却会慢慢地变成"依然如故"——再次恢复不好好写作业的常态。

当我们真的忍无可忍,并对孩子来那么一次大爆发之后,他果然有了"改变",而这种改变可能又将是我们极其不想看到的——也许因为不写作业这件事给孩子带来了各种"伤害",他变成了撒谎的孩子,用谎言来逃避作业;或者他也会因此而开始讨厌老师,因为老师总是"告密";最严重的,就是孩子产生了厌学情绪,直到最终连学校也不愿意去。

其实说了这么多,无非就是想要让我们通过这些事实来让自己的头脑先清醒一下,孩子放学后不写作业,这已经是一个事实了,所以训斥、指责甚至打骂这样的事情,会让孩子感到不舒服。而在孩子看来,我们的这些表现则像是在不停地发泄情绪,他所感受到的也只是我们的情绪而已。

所以别再因为孩子不写作业这个已经产生的事实而愤怒生气了,我们也该换一个角度思考,想想看孩子这样做的原因,他为什么放学后不写作业?为什么连书包都不愿意打开?为什么一提起作业就那么抵触?为什么就算老师都说得这么严厉了,妈妈都天天训斥了,他却依然不愿意改?

只有先解决了这样的一系列问题,找到孩子不愿意面对作业的真正原因,并找到解决问题的最佳手段,帮孩子清除掉他周边的障碍。当不再受到任何阻碍时,他自己自然就能主动地去写作业了。

# 没听懂老师课堂上讲的内容

对于学生们来说,老师留的作业,就是为了帮他巩固当天所学的各种内容,让他能通过各种练习来灵活地掌握这些内容,并能保证在日后的考试或其他情况下会使用这些知识。而若想要把这样的作业做出来,并且还要比较完美地做完,一个首要的前提条件,就是孩子必须得听懂老师在课上讲的内容,并掌握这些知识的运用。也就是说,如果孩子压根儿就没学会知识,而家长却一味地让他去做练习,他当然是不知所措了。

其实,没听懂老师课堂上都讲了什么的孩子,一般都不是出于主观意识而不好好写作业的,他实在是"心有余而力不足"。这样的孩子没准儿上课听讲也很认真,老师说的每一句话、写下来的每一行板书,他都巴不得全记在脑子里,但是出于各种原因,他可能并没有完全弄明白老师到底在说什么,或者压根儿就没有理解老师讲的那些内容,似乎他的大脑发生了"短路",那些知识在他的头脑中找不到通畅的回路,都被堵死在了耳朵周围,却丝毫没有进入到大脑深处。如果强行让他在练习上去操作知识,他就会完全不知道该如何下手。所以,这样的孩子就不得不奉行这样一种原则:与其不知道做什么,还不如什么都不做。

那么,要教育这样的孩子,如果直接训斥,说他"不做作业是不好的行为"的话,显然并没有说到点子上,因为这样的孩子可能知道这样做不好,但他却是身不由己。

所以,我们此时就该好好观察一下孩子,先看看他的学习状态,或者和老师沟通一下,了解孩子在学校里学习的情况。如果发现他平时上课听讲很认真,也愿意与老师配合,但就是不写作业,那么就要考虑他是不是没有听懂老师在课堂上所讲的内容。

当孩子回家后,我们也可以好好问问他,了解一下关于他的学习的真实情况。不过,可不要上来就直接问"你是不是没学会"这样的问题,一般来说,虽然认真听但没听懂还因此不做作业的孩子,都比较害羞一些,过于直截了当的问话会让他觉得自己犯了一个大错误,他可能因此而产生更为深刻的自卑心理,到时候他的注意力就都会集中到自己没学会这件事上去,反而不能好好地听我们讲话了。

所以,我们要耐住性子,尽量用温柔的语气去询问。比如,一位妈妈是这样对孩子说的:"我问过老师了,她说你上课听讲很认真,这真让妈妈高兴。不过,你觉得老师讲的课如何呢?你对这些内容有什么感觉?感觉有什么困难吗?需要妈妈帮忙吗?"

这样的问话方式先是肯定了孩子认真听讲的表现,这会让他觉得自己的行为受到了肯定,而他的内心也会相对比较安定一些。随即妈妈再提出问题,孩子相对比较容易接受一些,而这些问题,也没有很直接地指责孩子听不懂,反而是用一种探询的方式,这就能引导孩子主动说出自己遇到的各种问题。这样的问话方式会让孩子感受到妈妈的关心,他也会放松一些,家长也会慢慢了解到他所听不懂的内容。

在了解了问题之后,我们就可以有针对性地帮孩子解决这些问题了。比如,提醒他在课堂上把自己当时没听懂的地方记下来,下课后可以问问周围的同学,如果同学讲不清楚的话,也可以直接去找老师,让老师再给讲解一遍;也可以教孩子学会在课前预习,将那些知识点在老师讲课之前就都看一遍,了解一个大概,将自己不太明白的地方先标示出来,等老师讲课时,对自己不明白的地方重点听,对于依然不太懂的地方也可以在下课后找老师去讨论;如果孩子还是不懂的话,我们也可以在家进行再次辅导,或者找其他的老师再进行重新讲解,等等。

当孩子消灭了学习道路上"不懂"这个障碍之后,作业对于他也就不是什么难事了,尤其是在他第一次自己完全能理解知识的前提下独立完成了作业,他会觉得很开心,觉得自己也能做到这件事,那么以后我们也就不用再操心他作业的问题了,他自然会积极主动地去完成各科作业的。

# 孩子不知道课后写作业的重要性

老师当堂讲课,课后给学生留作业,学生回家后按照老师的要求去完成作业,这样的一系列流程在身为成年人的我们看来是很正常的,因为我们深知,作业对于巩固课业的重要性。可是,还是小学生的孩子就不一定这么认为了,尤其是刚上小学的孩子,他们会对课后作业有不同的看法,比如,他们并不知道课后写作业对他的学习是很重要的。

一位妈妈在儿子上一年级的时候就发现他不怎么爱写作业,以前一直都是妈妈催促着或者监督着,他才会写上一两笔,若是妈妈一直监督着,他也可以把作业认真写完。等到上了二年级,妈妈以为儿子大了一岁应该懂点事了,哪知道他还是很少主动写作业。老师有时候也会和妈妈联系,提醒她催促孩子写作业。

妈妈这回头疼了,儿子上课也挺认真听讲的,随便考查一下,也能确定他把当堂的知识都学会了,可怎么就是不写作业呢? 直到有一天,吃饭的时候,儿子无意中说道:"学校的老师最麻烦了,我把她课上讲的知识都学会了,她还偏给我们留作业,再让我们把都会做的题做一遍,真是浪费时间!作业一点都不重要,课上学习才重要,课上要是都会了,课下就没必要写了啊!"妈妈这才知道,原来儿子一直都是这样看待作业的,他觉得课后作业并不重要,难怪他不愿意写。

等到吃过晚饭,妈妈拉着儿子坐下,好好给他讲了讲作业对他的重要性,告诉他老师留作业的目的,以及做作业对于他知识学习的帮助。一番讲解之后,儿子这才点了点头说:"哦,妈妈,原来老师留作业是有原因的啊!那我以后可要记得写了。"

其实,很多孩子都会对这种"已经学会了却还要再写一遍"的做法不能理解。因为在之前,他的学习还不那么系统的时候,尤其是在家里学习的那段时间,他一直都是将我们教授的东西学会了就算会了,我们可能也没法给他留什么作业,他习惯了学会就算学完的学习模式。可等到了学校里,老师开始留作业了,他并不能那么快地转换思维,也意识不到作业和他的学习之间是有紧密联系的,因此他并不能意识到作业对他的真正意义,由于所学知识并不那么难,他可能也无法体会作业所带来的重要作用。

所以,对于这样的孩子,我们要告诉他课后写作业的意义。

**首先,给孩子讲讲作业与课上内容的关系。**

我们可以找一门功课的作业,以此为例,来帮孩子将课上内容与课后作业联系起来。就拿数学作业来说,课上老师会讲清楚这一节课要学的东西,包括公式、计算方法等,这些都是孩子争取在课上要理解的;而老师留的那些课下作业,就是让孩子对已经学到的公式、计算方法进行练习,通过反复的练习,来保证孩子真正记住所学内容,并能做到学以致用。

如果孩子还不能理解,我们可以当时就找一道课后题来让他做,让他体会作业和课上内容到底有怎样紧密的联系,直到他彻底明白作业对于知识理解的重要性。

**其次,引导孩子体会作业对他的帮助。**

作业其实不仅是帮助孩子理解课上内容,很多时候,老师的作业都是有延展性的,也就是老师会留一些"以课上内容为基础,并加入拓展或变化内容"的作业。这些作业就不只是单纯地对照课上内容去练习了,而是需要孩子动动脑筋,对所学知识举一反三,这就是对孩子思维能力的一种有效锻炼。

这种锻炼对于孩子思维的发展是有益处的,通过各门功课的这种拓展性的作业,孩子的思维会越来越灵活,这样灵活的思维将会在他未来处理更多更高深的问题时发挥重要作用。

关于这一点,我们可以引导孩子将这些作业放大到生活中去,引导他将课上内容与生活多加联想,提醒他注意作业与生活的联系,从而使他意识到作业对他未来生活的小帮助。

最后,提醒孩子不要因为作业而抱怨老师。

就像前面那个孩子一样,很多孩子自己不明白作业的重要性,结果却抱怨老师留作业。这就相当于孩子将自己没有调节好的情绪,反倒发泄在了老师身上,这当然是不正确的。

所以,我们也要及时帮孩子调节情绪,告诉他老师的责任,也告诉他老师给他留作业也是对他的一种关心,更是对他的一种希望,希望他能更好的成长。而且,孩子写完了作业,老师还要认真批改,不仅是批改一个人的作业,而是好多孩子的作业,遇到问题老师还要提出来给孩子认真讲解。老师也是辛苦的,孩子应该体谅和感谢老师。

# 孩子有书写障碍

一些孩子的生理发育不良或者后天锻炼不足等导致其手部肌肉协调方面出现了问题,结果就会或多或少地存在这种书写障碍。

而既然是写作业,那么孩子就必须要动手来书写,如果孩子有这样的书写障碍,就会导致他没有办法完成大量必须要靠手写来完成的作业。所以,我们不能因为看到孩子没写作业就感到很生气,也不要立刻就对孩子大加训斥,最好先了解一下孩子在书写方面是不是真的存在障碍,假如真的有障碍,我们只有先帮助孩子改变目前的障碍状态,进而才有可能解决他的作业问题。

所以,我们不如来试一下下面这一系列的做法。

🌿 第一,细心观察,尊重隐私。

有些孩子的书写障碍并不是一种明显的外在表现,只是在一些细节方面会显现出来。比如,写字缓慢、写得不规范,或者没法写整齐;还比如,系鞋带比较费劲、扣纽扣也可能会扣错,等等。多观察几次,或者问一问孩子,我们就能发现他在这些方面是否真的存在障碍。如果实在不能确定,还可以带着孩子去医院进行必要的检查或咨询,以得到确切的结论。

一旦确定了孩子具有这种书写障碍,我们一是要尊重孩子的隐私,不能直接遗憾地说他"笨"或者说他"有缺陷",尤其是在背对孩子的时候,我们更要尊重孩子,不要因为无心的一句话而伤到孩子,一定要保护好他的自尊心;二是不要过分强调这个障碍所带来的问题,尤其不要这样安慰孩子:"你本来书写就有障碍,所以慢一点没关系。"这样的话一定不要说,因为这样的话会让孩子接收到一种心理暗示,让他认为自己这种障碍存在是合理的,并且以此为借口而更加不愿意写作业。

总之,我们既要重视孩子的这个问题,但也不要太过分强调,当然发现了问题也用不着太过着急,接下来可以通过一系列的锻炼帮助孩子解决问题。

🍃 第二,加强各方面锻炼,改善孩子手部协调性。

人的手部有十几块小肌肉,若要把字写工整,这十几块小肌肉需要协调合作。所以,可以对孩子进行手部小肌肉群的锻炼,以克服他的活动障碍,从而最终克服书写障碍。

比如,我们可以和孩子多做一做发展手部小肌肉群的游戏,叠纸、剪纸、串小珠子、组装包含精细小零件的模型、分清碗里不同的豆豆、手影游戏,等等。

另外,有些孩子的书写障碍是因为握笔的姿势不正确,手部的肌肉没有达到最佳的发力状态,所以书写速度也提不上去。对于这一问题,我们也要为孩子及时指出,要教他学会正确的握笔姿势,并督促他经常进行练习,使他的手逐渐习惯新的姿势,让手部的各个小肌肉能准确发力,从而保证书写的流畅自如。

🍃 第三,及时发现孩子的感觉统合失调现象,并想办法进行训练。

感觉统合失调,是指外部感觉刺激信号没有办法在儿童的大脑神经系统里进行有效的组合,从而导致肌体无法和谐运作,长时间如此,就会形成各种障碍。对于孩子来说,出现这种失调现象,就意味着孩子的大脑失去了对身体各器官的控制与组合能力,这对孩子的认知、适应等能力的发展是有很大负面影响的。

当我们发现孩子随着成长却依然存在"尽管认真可还是不能好好写字"的现象时,就应该需要判断他是不是存在感觉统合失调的症状了。当然,这并不意味着孩子就此无可救药了。我们要给予他一些特别的关爱,不要再勉为其难让他必须写好,否则可能会给孩子增加心理负担。我们要理解孩子,如果自己不能进行相关的训练,也可以把他送到专门的有资质的正规训练机构去进行训练,以逐步改善他统合失调的问题。

第四,培养孩子书写的兴趣。

有书写障碍的孩子,一般都不那么愿意书写,但是越是不写,他的情况改善得也就越慢,所以我们还是要对他进行一定的训练,只不过要提升他对书写的兴趣,从而使他能自觉主动地进行锻炼。

比如,我们可以教孩子练习书法,最好是我们和他一起学习练习,这也是对孩子的一种支持,同时我们也是在给孩子做个榜样。当他写出工整好看的字时,我们及时的肯定也会增加他书写的信心。

# 孩子坐不住，没有耐性

写作业是一个需要平心静气、耐心而为的活动，小学生的作业时间大多会被控制在 1 小时之内，而这也就要求孩子至少能在这 1 小时里保持稳定的心态，要能坐得住，尽快并尽量好地将作业做完。

事实上，很多作业如果要做完，也根本用不了 1 个小时，假如孩子对课堂知识都很好地掌握了，并且能耐心、认真地书写，很快就能把老师留的所有作业都做完。

可很多孩子却恰恰在"耐性"这一点上出了问题，他们连几分钟都坐不住，更别提坐在那里把那么多的作业写完了。毫无耐性的表现，让这样的孩子"顺理成章"地进入了完不成作业的"大军"之中。

对于这一点，很多妈妈也显得格外为难。一位妈妈曾经这样说："孩子的屁股下面就像是长了草，左动动、右动动，一会儿抬头看看表，一会儿起身喝口水，一会儿听见哪儿有响声就起来看看，一会儿又四处翻找零食，作业本上写不了几个字，可其他的事他却已经做了不少。如果在旁边训斥他几句，他能多坐几分钟，但也真的就是几分钟，几分钟之后，他就又变回原形了，头疼死了！"

孩子缺乏耐心的表现，的确很容易让我们着急上火。翻翻看他的作业，其实也没多少，但坐不住导致的做不下去，让他的作业时间被人为地拉长了。对此，我们可不能只是在督促孩子在写作业上下功夫，而是要先"攻击"问题的根源所在——先培养孩子具备耐心与吃苦的精神，锻炼他的耐力，让他先能安稳地坐在桌子前面。当孩子能稳稳地坐住时，即便我们不怎么催促，他应该也会主动去写作业了。

对孩子耐性的培养，我们可以试试从以下几个方面入手。

🌱 第一,和孩子玩一玩耐力游戏。

游戏是最能吸引孩子注意力的东西,如果我们能和孩子一起做游戏,他可能会有更为高涨的兴致。更重要的是,耐力游戏会让孩子的耐力在快乐中就得到锻炼、在不知不觉中就得到提升。

比如,我们可以和孩子玩搭积木的游戏,最好是选择那种较大型的积木,而且块数也要多一些。我们可以选择一个比较复杂的积木完成品,为了完成这样一个作品,就需要孩子花费较长的时间去选择合适的积木,多玩几次,他可能就不会觉得时间太长,很难熬了;我们也可以和孩子进行填色游戏或小比赛,以最终填色完成并且保证填得不潦草为目标,那么为了做好这件事,孩子就必须要有耐心,这显然也会相应地提升孩子的耐性;当然,最简单直接的一种方法是我们可以带孩子去长跑,跑的途中来个小比赛,看谁坚持的时间长、跑得最远,或者和孩子练习仰卧起坐,鼓励他做得越多越好,等等。

不管是什么样的活动,我们都要多鼓励孩子,不要用反话激怒他,也别训斥他,我们的目的是要让孩子能最终有耐力,所以最好让他在愉快的气氛中去培养耐性。

🌱 第二,引导孩子发现作业中的乐趣。

有的孩子之所以没耐性,是觉得作业很无聊,他认为作业无非就是对课上内容的简单重复,一点新意也没有。再加上有的作业可能真的只是简单地抄写或计算,孩子觉得没有什么挑战性,如果一连好几天都是重复这样的工作,他就会觉得与其写作业还不如出去玩。

针对这样的情况,我们就该引导孩子发现作业中的乐趣,让他感受到作业并不是他想象中的那么没有意思。

比如,对于一道数学题,可以启发孩子用他所知道的各种方法去解答,不管那个方法是复杂还是简单,只要他能想到都可以拿来用;还比如,对于一个字,引导他去想想这个字可以用在哪里,用在这些地方分别又可以表达什么意思,等等。

当然,这些活动要选择孩子作业没那么多的时候去做,最终目的是让孩子感受到作业也是有趣的,但也不要让孩子将注意力都放在这上面,当孩子已经可以耐心地坐在桌子前时,就要提醒他不管要做什么都应该先完成作业,完成之后再做其他事情。

第三,在孩子身边也做一个有耐性的妈妈。

很多孩子没有耐性的表现其实都是对妈妈的一种模仿,那么要想纠正孩子没有耐心的表现,身为妈妈的我们首先就要有所改变,要在孩子身边做一个有耐性的妈妈。

比如,当孩子坐下来写作业时,我们也不妨拿上一本书坐在孩子的旁边,我们一定要坐得住,不要东张西望,不要总想着做别的事情,而是专心地将手里的那本书一页一页地看下去。这样一来,孩子就算是在那里如坐针毡,也会顾及一旁的妈妈,而且看到妈妈都能这么坐得住,他也会慢慢地不再那么烦躁,并最终能耐着性子继续坐下去。妈妈在这里其实是起到了一种榜样加震慑的作用,即便我们什么都不说,但我们的行为却已经让孩子感受到了某种威严。同时,他也会不知不觉地模仿起来,久而久之,他也会养成坐得住的好习惯。

# 对某一学科不感兴趣

每个人都有自己喜欢的东西,当然也有不感兴趣的东西。对于喜欢的东西,我们更愿意多接触、多谈论;而不感兴趣的东西,可能连多看一眼都觉得很浪费时间。其实孩子也会有同样的感觉,就算是在做作业这件事上,他也会有喜欢与不喜欢两种选择。

对于喜欢的学科,孩子往往都会更愿意做这一科的作业,而且做得又快又好,不仅如此,他还会在完成分内作业之后再主动延长学习时间,自己再预习、复习或者进行延展性学习,说得更直接一些,有的孩子甚至希望这一科能多留些作业;而对于不那么感兴趣的学科,孩子往往会能拖就拖,把这一科的作业放在最后,直到再没有其他事情可以做了,才会想起来写,可即便如此,他也并不会那么认真地去写作业,写写停停,玩一会儿别的,或者干脆又绕回到他喜欢的学科上去了。

总之,如果孩子对某一学科不感兴趣,家长却不管不顾地直接催促他非要让他去完成这一学科的作业,在他看来就真的是一种强迫性的行为了。到头来,孩子感觉不愉快,我们可能也会觉得这种催促非常累。

所以,我们还是要先放下"催促"这个武器,转而应该想办法提升孩子对不感兴趣学科的兴趣,让他愿意学习这个学科。当孩子能正视所有的学科时,他也就不会再厌烦写任何一个学科的作业了。

比如,有的孩子不喜欢语文,于是对于抄写生字、组词造句、读课文就会非常抵触,至于说让他去背诵文章,那简直就是在把他推到"最苦难"的境地。

针对这种情况,我们可以和孩子一起学习语文,给他讲讲语文对于他生活的影响,让他意识到只要是要与人交流,他就必须要用到语文,不管什么时候,语文都是他不可抛弃的一门学科,因为这是帮助他了解社会、国家、人生的一个最重要的学科。

当然,讲述这些内容显得有些大,对于小学生来说,可以用故事、谜语、词语接龙、文字游戏等各种方式来让他体会语文的魅力,逐渐提升他对语文的兴趣。

还比如,有的孩子一看到数学就头疼,那些数字就宛如天书符号,那些公式就好像是他的世界中最难解的谜题。而写作业的时候,他几乎就是完全不想理解那些数字彼此的关系,如果再加上小数点、分号等其他的符号,他会觉得自己正慢慢走向崩溃的边缘。

对于讨厌数学的孩子,我们不能强迫他去做那些数学题,否则他的大脑会直接拒绝处理这些数据,而且还可能会促使他产生随便写答案以赶紧糊弄过关的想法。如果我们只关心他最终是不是能完成作业,那就很有可能让他的数学学习进入完全错误的领域。

所以,我们可以先了解一下孩子为什么不喜欢数学,找到他讨厌数学的根源,是听不懂,是记不住,还是不那么擅长?找到根源之后,我们可以通过一些有趣的教学方法来帮助孩子改善对数学的学习状态。比如,引导他把数学应用到生活中去,让他看看数学在生活中都有哪些重要的作用;引导他发现数学的美丽,像是对称、互补、图形、空间,等等,都是数学所独有的魅力所在。当孩子发现数学也并不是那么枯燥的数字知识之后,他自然也会愿意去凭借自己的努力尝试完成作业了。

另外,如果孩子不喜欢某一学科,还可能是有其他原因,比如,老师讲得不那么好,或者他干脆就是讨厌那个学科的老师;还比如,他不喜欢课本的设计,厌烦一篇又一篇的文字介绍;或者他是因为爸爸妈妈在某个学科上的态度而厌烦那个学科,等等。

对于这些原因,因为不涉及学科本身,所以我们就要从人文关怀的角度去下手。如果孩子不喜欢老师,我们可以引导他不要太注意老师,要多关注知识;如果孩子不喜欢课本设计,那就引导他去寻找那一堆文字中令人感兴趣的地方;如果爸爸妈妈自身不喜欢某个学科,也要在孩子面前有所改变,提醒他不要因为爸爸妈妈的态度而影响自己的学习。

# 孩子记不住或记不全作业

巧妇难为无米之炊，这是我们都熟悉的一句话，简单的字面意思就是，如果没有米，即便是再勤快的妈妈也做不出好吃的饭来。也就是说，做事如果缺少必要条件，那么那件事就很难完成。

之所以要说到这一点，其实就是想表达这样一种意思——假如孩子压根儿就没记住作业，或者对作业记得不完全，他连做什么都不知道，又怎么可能写好作业呢？

所以，发现孩子没有写作业时，最好先问上一句："作业，你记下来了吗？"

如果孩子回答"没有"，那就代表他完全不知道该干什么；如果孩子回答"记住了一部分"，那就意味着他的作业完成度不会很好。不管哪种情况，都是在提示我们，孩子在记忆作业方面出了问题，我们要从这一方面多下功夫。

当然，如果老师每天都把孩子要做的作业发到我们的手机上，那自然就不存在这个问题了。

那么，如果孩子记不住或记不全作业，我们应该怎么办？

🍃 **首先，确定孩子因为什么而记不住或记不全作业。**

有个孩子每天都记不住作业，妈妈非常奇怪，一问才知道，原来孩子的视力下降了，看不清楚黑板上的字。而老师经常会将作业写到黑板上，完全看不清黑板上内容的孩子，当然也就不知道作业要写什么了。后来，妈妈带孩子去配了一副眼镜，孩子再也没出现过记不住作业的情况。

从这个事例可以看出来，孩子记不住作业都是有原因的，视力问题是其中之一，当然也有的孩子可能会听不清老师布置作业，那就确定一下他的听力状况；还有的孩子是因为一时走神，没有听清楚，这样也会记不全作业；而还有的孩子可能一时有事没在教室，等回来时老师把作业已经布置完了，他也没有在意，这也是错过作业的一种可能。

所以，我们要确定孩子为什么记不住或者记不全作业，然后才能采取合适的方法去帮助他弥补。

🍃 其次，教孩子用简单稳妥的方法去记作业。

对于注意力尚且不那么好的小学生来说，让他全神贯注听一节课已经很难得了，老师的作业又往往都会在一节课快结束的时候才布置下去，所以孩子可能就会因各种原因而听不到、看不到或者忘记还有作业这么一回事。有一个最简单且最稳妥的办法可以解决这些问题，那就是让孩子准备一个记事本，将当天的作业用笔记下来，每一科留了什么作业，全都记清楚，这样他就不会忘记了。

我们可以教他记作业的格式，比如，可以按照"学科名称＋作业内容"的模式去记录，从而避免将作业记混。

有的孩子可能会习惯将作业记到教科书上，虽然这也是一种方法，但这却需要孩子凭借自己的大脑去记住哪几门课留作业了，一旦他忘记了一门学科，那么也同样写不完作业。

所以，还是推荐孩子将作业记到记事本上，每天回家第一件事就是翻看记事本，查找当天要完成的作业，以保证不落下任何一门学科的作业。

🍃 最后，提醒孩子要经常和老师、同学交流。

虽然孩子用了记事本，可是还是会因为前面提到的各种原因而导致作业记不完全。所以，我们要提醒孩子养成经常和老师、同学交流的习惯。尤其是在每天老师布置作业之后，孩子要和周围的同学确认一下作业的内容，看看自己有没有记错或者没有记的地方。如果大家都不确定，就再去找老师核实一下，以保证每天都能记住并记全所有的作业。

# 作业太多,做不完

虽然社会上一直在呼吁,要给学生们减负,但是这并不是一朝一夕就能实现的事情,也需要一个逐渐改变的过程。而在这个过程中,孩子就依然有可能遇到作业非常多的情况。而对于还是小学生的孩子来说,太多的作业会让他慢慢觉得烦躁,觉得劳累,从而导致他最终做不完作业。

不过,孩子口中所谓的"作业太多,做不完",我们也不能只听他的说辞就认定他的作业真的是做不完的,我们也要有自己的判断。

比如,有的时候,老师留的作业的确是太多了,他可能只考虑到了要让孩子们加强练习,以最终掌握知识,但是忽略了孩子们自身的能力;而有的孩子说"作业多",则可能是他想要逃避,不愿意写作业的一种借口。所以,我们要懂得分辨孩子口中的"作业多"是不是真实的情况,而我们分辨的结果,则决定了我们最终应该怎样处理相关的情形。

🍃 第一,作业真的很多。

如果老师真的留多作业了,我们应该先看看老师都留了哪些作业,思考一下这些作业对孩子都有怎样的作用,看看这些作业是不是真的都那么必要。倘若都是很有必要的作业,但是数量太多,我们可以和老师协调一下,看他能不能把这些作业分配到很多天去完成,没必要非让孩子在一天甚至是在限定的时间内去做完;当然,假如有些作业是重复的、没有太大新意义的,我们也可以和老师交涉一下,委婉地问问他,是不是可以减少这样的作业,以减轻孩子的负担。

当然,虽然我们是站在孩子这一边来和老师进行沟通,可我们也一定要对老师有最起码的尊重,不要和老师针锋相对,别指责老师,要和老师多商量,可以提建议,但不要下命令。为了说明我们的想法,我们也可以将孩子在家中完成作业的情况告诉老师,帮助老师判断他的作业是不是真的留得不那么合适。而在面对孩子时,我们也要注意自己的表达,不要当着孩子的面说老师的不是,而是要引导孩子理解老师的苦心。

另外还有一点,当孩子作业非常多却又必须完成的时候,我们也要帮他确定作业的前后顺序,提醒他可以先做不那么感兴趣的,然后再做感兴趣的,这样就能保证他不会在作业多的情况下落下不感兴趣的作业。

🍃 第二,"作业多"是借口。

而对于另一种情况,就是孩子以"作业多"为借口,这时候我们就要将关注点放到孩子身上了。了解他到底想要干什么,为什么要用这个借口来逃避自己的责任。

如果孩子是因为贪玩而找借口,我们就要引导他将自己的注意力放到学习上去,提醒他注意学生的责任,告诉他完成作业是学生必须做的事情。

如果孩子是因为不想写作业而抱怨,我们可以表示理解他的心情,但要让他意识到作业并不是可有可无的东西,可以帮他分析一下每科作业可能用到的时间,让他意识到做完这些作业其实并不像他想象的那么费力,从而扭转他不愿意写作业的局面。

如果孩子是因为其他的事情,我们也要先了解那些事情对孩子的意义,问问他的想法,确定那是不是真的很重要的事情,若并不那么重要,可以提醒孩子先写作业,然后在空余时间再继续做其他事;若真的很重要,可以教他合理安排自己的时间,使他不管做什么事都不会有后顾之忧,而这些事情与学习之间又不会产生任何冲突。

# 受其他同学影响或模仿其他同学不写作业

还有一种情况,孩子也是不写作业的,那就是"榜样效应"。如果孩子的班上或者邻居的孩子不写作业,那么孩子很容易就会受其影响,他会认为"他们都不写作业,为什么偏要我写?我也不写",结果他也就受到"榜样"的影响,也同样不写作业了。假如那些孩子虽然没写作业但又没受到什么惩罚,那么孩子就会更加想要模仿了——毕竟,对于绝大多数孩子来说,能不写作业是一件多么开心的事情啊!

可身为妈妈的我们却要清醒地意识到,孩子这样的模仿是错误的。回忆一下,在我们小时候,班里是不是总会有那么一批人,每天到学校抄作业呢?这些人并不是不会写作业,而是懒得做,他们自己不做,等到第二天要交的时候,直接抄袭就可以了。孩子是最容易受到影响的是,他发现自己费了好大劲做的作业,别人几分钟就抄好了,这样强烈的对比反差会让他的心里产生不平衡,于是他也许会在下一次尝试一下抄作业。

这其实是一个很危险的风气,一旦孩子沾染上这个坏风气,就会一发而不可收拾,已经体会过不写作业而只是抄的轻松感,孩子不会那么容易放下。更何况他会说:"那么多人都这么做,我为什么不能做?他们抄袭也没被抓,我也不会那么倒霉的。"

对于这样的情形,我们应该想办法去积极应对。

🍂 首先,郑重提醒孩子写作业的意义。

作业是检验孩子对知识掌握程度的重要标准,也就是说,孩子的作业是写给他自己的,并不是写给老师看的。自己写作业的孩子,经历了自己的思考和努力,知识就会留在他的大脑里;而自己不写却抄作业的孩子,只是在做单纯的"搬运工"的工作,他的大脑没有对那些知识产生共鸣,知识自然也就不会被他的大脑记住。虽然从表面来看，孩子们都写完了作业，但日后，自己写作业的孩子才能真正将知识运用到生活中，他才是最终的赢家；而抄袭作业的孩子，依旧还是什么都不会。

所以，我们要再次提醒孩子作业对他的重要意义，别让他将这么好的练习机会白白浪费。而且更重要的是，经过自己努力完成的作业，是会让自己有成就感的，这是抄袭所无法带来的感受。

🍃 其次，鼓励孩子和同学在一起写作业。

孩子们彼此间就是有这样一种奇妙的传染性，当一个人在写作业时，周围的人也会受到传染，纷纷拿出自己的作业本；当一个人作业写得很快时，其他人也会更加努力，争取也能写好写完；而相反的，如果有一个人不写作业，那么很快就会有越来越多的人也放下手中的笔，将作业本丢在一旁。

所以，我们可以鼓励孩子多与同学们一起写作业，几个孩子凑在一起写作业会有一种互相监督、鼓励的效果。而且，当有了问题时，大家还能一起讨论，学习好的孩子还能成为学习差的孩子的"小老师"，这样几个孩子写好作业也就都不成问题了。

🍃 最后，只针对不写作业的问题，不言其他。

对于孩子模仿别人不写作业的行为，我们没必要非得严厉地批评，尤其是不要长篇大论地去教育他，否则他也会觉得很烦，而且他也抓不住我们想要让他注意的重点。

我们完全可以冷静地处理这件事，只要经常提醒他，记住老师留的作业，每次耐心地完成作业，认真对待每一门学科的作业，并且保证作业的完整、正确。

我们多几次监督，但不要催促，如此一段时间之后，孩子会发现他所推崇的不写作业的行为在我们这里根本行不通，而我们也没有给他抄袭的机会。久而久之，他就会渐渐养成好好写作业的习惯，这时我们也就不用担心他的作业问题了。

第三章

# 好不容易去写作业但又很勉强
## ——常见问题的应对

经过母亲的一番教育和劝阻,孩子终于去写作业了,我们本来以为可以放松一下,哪知道孩子的问题却并没有那么容易解决。虽然打开了作业本,可孩子依然会出现各种各样令人头疼的问题,作业写得很是勉强,也并不合格,显然我们还不能就此掉以轻心。

# 孩子写作业故意漏掉一些题目怎么办

对于小学生来说,作业其实并不那么太多,老师留的题目应该也都在孩子可以接受与完成的能力范围之内。但是,就是有孩子对这些题目颇有抵触心理,要么是拖着不做,要么就是好不容易坐在了书桌前打开了作业本,却偷工减料,故意不把作业写全。

一位妈妈最近就发现了这样的问题:

上小学四年级的孩子以前做作业很慢,但这几天做得却很快。妈妈一问他,他都会很欢快地说自己做完了。妈妈半信半疑,拿来了孩子的作业仔细对照检查,结果发现了问题。原来,孩子不是"做"完了,而是每一科都少写了一些,他人为地给自己的作业减了量,难怪做得这么快。

妈妈问孩子:"为什么故意漏掉题目?你看,你生字少写了,数学题也少做了两道,这是怎么回事?"

孩子挠挠头说:"反正老师也发现不了。前几次我少写了老师都没发现,没事的。"

妈妈一皱眉:"这怎么可以?这可是不诚实的行为啊!这不是糊弄老师,而是糊弄自己啊!"

妈妈一番说教之后,孩子噘着嘴,不得不拿回作业把漏掉的题目都补上。

的确有不少孩子很会抓老师的漏洞,就像这个孩子一样,一次粗心没有把作业写完全,结果发现,老师竟然没有理会,于是便觉得自己是找到了逃避作业的好方法,日后便也继续偷工减料起来。

孩子可能没有太多的考虑,只是觉得终于可以不用写那么多作业了,也许他还会为自己的小聪明而感到开心。但事实是,他欺骗了老师的同时,也在欺骗自己,虽然表面看是少写了作业,让自己变得轻松了一些,可实际上这却让他在学习方面变得懒散,学得也就没那么踏实了。

究根结底,这其实是孩子学习态度的问题。孩子没有将学习当成一件重要的事情,没有从根本上认识到学习是为了让他自己得到成长,而是将学习看成了应付老师、应付妈妈的一件差事。错误的认知导致他采取了错误的做作业方式,所以我们不能只是批评孩子偷工减料的表面行为,而是要看到其本质。

所以,我们不如这样来做:

🍃 第一,平静地提醒孩子补回漏掉的作业。

当发现孩子有漏掉的作业时,别大发雷霆,可以先提醒他"你的作业还没有写完,赶紧写完它吧"。不管孩子多么不情愿,我们也要坚持自己的做法,但要始终保持平静,当看到我们的坚持时,孩子不得不去做。

在孩子补完作业之后,我们可以问问他:为什么漏掉那么多作业?如果孩子说:"太难,我不想写。"那就帮他弄明白作业题目,帮他复习一遍已经学过的知识,查漏补缺,让他眼中的难题不再难;如果孩子说:"太多,不想写。"那就提醒他,重复是巩固的一个最简单的办法,只不过是多写几个字而已,也不会浪费多少时间;如果孩子说不出原因,就是故意不写,那就要了解一下他的想法,看看他是不是还有什么其他方面的问题,比如是不是和妈妈赌气,是不是和老师故意对着干,找到孩子思想中的问题所在,解开他的思想疙瘩,相信他也能自觉地把作业写完。

🍃 第二,引导孩子意识到作业的重要性。

故意漏掉作业的孩子,多半是觉得作业是做给老师和妈妈看的,只要老师发现不了,只要妈妈不知道,那就没问题。这就是孩子对作业和学习的错误认知,我们则要再次引导他明白,作业是为了帮他巩固学习的重要手段,不是应付老师和妈妈的不得不完成的任务。作业做得好不好,只会影响他自己的学习,对其他人是没有任何影响的,所以他不能忽视了作业与他自己之间的那种关联性。

当然,这样一番话我们不能说得那么冷酷,终究还是要让孩子自己意识到写作业的重要性,所以我们可以委婉地将写作业的重要性表达出来。如果孩子发出疑问,我们也要耐心地解答,而对于他所说的"老师不好""作业重复性太高"这样的问题,我们则要鼓励他多从自己的学习目标出发,帮他化解内心矛盾,使他能正视学习。

    第三,和老师合力帮助孩子改正坏习惯。

要帮孩子改掉故意漏作业的习惯,我们可以和老师合力而为。在家,我们要仔细检查;同时也可以和老师多沟通,告诉他孩子存在的问题,不过也要请老师给孩子留一些面子,不要当面严厉地批评他,可以在作业本中给他写一些鼓励和提醒的话语,让孩子能注意到自己的问题,并在双方监督之下最终改掉坏习惯。

# 孩子写作业偷懒怎么办

不管做什么事,都最忌讳偷懒,因为偷懒会让人精神懈怠,这样人在做事的时候就会变得懒散而没有准头,可能一个不小心就会犯下大错。可是很多孩子在写作业时却经常偷懒,总也不能全神贯注地将作业认真写完,反而是能拖就拖,能不写就不写,往往都是等得实在没法再拖了,这才不情愿地写两笔。可就是这"两笔",也一样能省就省,能少写绝对不多写,若是能省得一个字都不写他才高兴。

按理说,孩子都该是朝气蓬勃的,是有足够精力的,学习上也应该是干劲满满,学起来也该如饥似渴。至于说作业,不要求超前完成,起码应该认认真真地按时完成。可很多孩子却偏偏缺少这样的表现,偷起懒来更是让妈妈头疼不已。

一位妈妈就曾经在网络上发帖向大家求助:

上四年级的儿子上课听讲、回答问题都还好,可一到写作业的时候就犯懒。比如,写作业前给了他一个橘子,等过会儿我估摸差不多该写完了,可走过去一看,作业本上只有几个字,橘子倒是吃完了,重点是橘子皮上被铅笔戳满了小洞洞。

类似这样的事他还干过许多,本来有足够的时间,可他就是不写作业,经常是一直拖到快上床睡觉了,才不情愿地写两笔。可就这两笔,也是能偷懒就偷懒,用一个字能表达的绝对不说两个字。上次英语老师让写"星期一到星期日的英文单词",结果他除了星期一是正常的 Monday 之外,其他单词后面那个"day"彻底被省略掉了,他竟然说"反正都一样,写它干什么"。唉,一想起儿子写作业的问题,我就头疼得睡不着觉,真心求各位给个好办法吧!

这位妈妈的苦恼可能会在很多妈妈那里获得共鸣,孩子偷懒的功夫的确会让我们感到束手无策。

其实写作业爱偷懒的孩子都有一颗浮躁的心,他不能踏实地做好一件事。而这样的孩子并不笨,该会的知识都会,只不过是懒得写、懒得想。所以,我们应该帮孩子改变偷懒的毛病,只有除根,只有帮他扭转了观念,才能让他在写作业这个问题上有所改变。

🍃 首先,改变孩子对作业的看法。

对作业偷懒的孩子,有的觉得作业太多,写起来很累;有的认为作业重复性太高,写得没意思;还有的则认为,自己很快就能写完,拖一会儿没什么……其实不管哪一种想法,都代表了孩子对作业的偏见。

所以我们还是要再跟孩子反复强调一下,作业不是无聊时打发时光的东西,也不是可有可无的东西,作业与他的课业学习是紧密相连的,也是他能学到更多的知识而必不可少的一项活动。

《长歌行》中说:"少壮不努力,老大徒伤悲。"虽然这句诗涵盖了整个人生,但放在孩子目前对待作业的态度上,其内涵也是适用的。意思是说,平时作业做得好,那么最后的复习多半也会省力一些。相反地,假如平时的作业就做得很懒散,那么最后的复习就会吃苦头,就不得不重新看大量的复习内容,平白浪费了时间和精力。

当孩子能理解作业对他的重要性时,他自然也就不会再想着偷懒了。

🍃 其次,在孩子想偷懒时,给他鼓励和鞭策。

要让孩子改掉偷懒的毛病,并非一句话、一天就能做到,身为妈妈的我们,此时就要辛苦一些。充分了解孩子的问题,他想要偷懒的时候,我们不能严厉地批评,否则他可能会内心抵触,反而越发懒。最好的办法是鼓励他勤快起来,提醒他注意自己的潜能,最好能引导他做到一次不偷懒,只要体验到一次勤快做事的感觉,孩子也许就会扭转思想。

当然,一味地鼓励也并不总会那么管用,所以鼓励与鞭策可以交替使用。时不时地催促他一下,不过不要总是长篇大论,也没必要唠唠叨叨,一个提醒就够了。还是那句话:我们要保持冷静。"请快些写作业",类似这样的话,一句就够了。

**最后,别帮着孩子偷懒。**

孩子偷懒这是可以改的,但如果妈妈帮着他一起偷懒的话,到时候改起来可就费劲了。比如,有时候孩子会觉得老师布置的作业太多,妈妈心疼孩子,于是就会帮着他写,这无疑会助长孩子偷懒的心思。

所以,我们一定不能代替孩子做他该做的事情,尤其是学习方面。该是他自己的作业就要让他自己去做,我们可以提醒他:"老师布置了作业是为了你好,不管多少作业,也都是你的责任,你应该做一个负责任的人。"

# 孩子撒谎说没有作业,或抄袭作业怎么办

在有些孩子看来,作业真的就是让他难以忍受的东西,为了逃避写作业,他甚至不惜对妈妈撒谎说"没有作业"。而为了应付老师的检查,有的孩子也会"另辟蹊径",在交作业之前,找别人的作业来抄一下,糊弄了事。

出现这样的状况,从我们的角度来看,的确是觉得孩子有些散漫了。身为学生,连作业都不做,还撒谎,还抄袭,这可不是一个好孩子的作为。但是如果我们站在孩子的角度去看的话,可能就能理解他了。

老师上课讲的内容孩子已经完全学会了,也已经知道在题目里该怎么使用或者体现了,却还要在已经会了的题目上再重新思考,还要再抄已经会了的东西,还要去做闭着眼都能写出答案的题来。对于喜欢接受新鲜事物的孩子来说,这可能就显得有些困难,所以他会觉得没意思。但是老师和妈妈却会监督他,为了不让妈妈总是催促,所以孩子会撒谎;而为了不让老师因为作业而找自己的毛病,所以他才会去抄袭。

孩子这样的心情我们是可以理解的,不过他这样的行为我们并不能认同。当面撒谎,背后抄袭,这都是孩子两面派的作风,如果我们不加以干涉,孩子就会养成坏习惯,变成不诚实的人。

我们当然不愿意孩子的成长出现不诚实、两面派这样的污点,所以对于他的撒谎、抄袭,我们可以有比"训斥"更有智慧的解决办法。

🌿 第一,了解孩子说谎背后的真实需要。

很多孩子说谎都是有目的的,或者说是有自己的需要的。比如,有的孩子骗妈妈说:"老师没留作业。"那么他可能就是想节省下一些时间去做他感兴趣的事情。

也就是说,孩子不会无缘无故地说谎,不会故意地使坏去欺骗大人,我

们也不能因为了解到他说的是谎言，就训斥甚至责骂他。不管什么时候，我们都应该学会换一个角度去思考，也要学着用温柔的方式去解决问题。

所以，知道孩子在说谎，就要问问他为什么要这样说，听听他有什么想要的，想要做什么，是怎么考虑的。这些都要让孩子自己去表达，我们不能从成年人的角度去推测，更不能随便就下结论。

而对于孩子的需求，我们也要尽量满足其合理的部分。尤其是精神方面的需求，我们要给予孩子足够的理解和尊重，帮他解开心里的疙瘩，理顺心里想法，让他心里不再背负那么多的负担，这样才能从根本上解决孩子的说谎问题。

🍃 第二，根据孩子所抄作业的类型，来决定应对措施。

孩子所抄的作业，并不都是一样的。比如，有因为不会而抄的作业，因为不会，但又必须要交，所以抄作业是最直接的解决办法；还有因为觉得麻烦而抄的作业，这个可能恰恰是因为会了，所以才懒得写，但同样要交给老师，所以简单一抄也就算了；当然，还有就是忘记了作业，来不及自己写了，所以干脆直接抄，省时省力还能应付差事。

针对不同的类型，我们的应对措施也该另有侧重。对于孩子不会的作业，就要帮他找找哪里还没学会，帮他攻克学习难关，使他下次能自己解决问题；对于孩子嫌麻烦的作业，提醒他重复也是一种学习，与其抄袭，不如在重复中检验自己掌握的熟练程度，并且还可以看看自己能不能在旧题目中寻找新的解答方法，这才是更高一层的进步；而对于孩子的忘性，我们则要经常提醒他，作业不能忘，脑子记不住可以用本子记，总之这是他自己的事情，所以自己也要对自己负责。

🍃 第三，给抄作业的孩子适当的惩罚。

不管怎么说，说谎、抄袭，这都是不好的行为，如果孩子屡犯不改，我们除了寻常的劝导教育，必要时候也需要用一些适度合理的惩罚。

一定不要用罚站、罚跪这样的体罚，这是对孩子身体的伤害，也是对他这个人的不尊重；也不要使用罚扫地、罚抄书这样的惩罚，否则就会让孩子认为做家务、抄写这样的行为是不好的，这会扭曲他对家务、书本的看法。

可以想一些更有效的措施,比如,取消一次已经安排好的外出计划,或者取消一次关于孩子的购买计划;还比如,罚孩子寻找诚实守信的故事,并讲给全家人听;或者,还可以让孩子自己写一篇讨论诚实问题的感想;等等。

# 孩子通过网络搜索作业答案怎么办

这是一个科技飞速发展的时代,这也是一个电子产品满天飞的时代,这还是一个资源共享的时代,这更是一个"动动手指就能知天下"的时代。

这样的一段话如果放在其他方面,比如放在生活方面,放在更为广泛的知识搜索方面,恐怕会非常合适。但是,如果放在还是小学生的孩子们身上,尤其是放在他们做作业这个行为上来说,就显得非常不合适了。

之所以这么说,是因为随着电脑的普及,随着网络时代的来临,很多孩子写作业的方式已经从最开始的"打开课本找答案",演变成了"打开网络点搜索"了。

在一些大网站的搜索栏里,尤其是类似于"知道""问答"这样的专栏中,随便键入一些小学生的课堂问题,从讲课内容到疑难点讲解再到课后答案,甚至连一些考试卷子以及答案都有可能跳进我们的视线之中。

对于网络,善于接受新鲜事物的孩子明显要比我们接受得快得多,而且他们又拥有强大的学习能力,所以很快就会对搜索这样的功能使用得颇为娴熟。再加上电脑中其他的一些辅助功能,孩子很容易就会在网络上去寻找作业的答案。比如,曾经有小学生把自己的作业用家里的扫描仪扫描下来,然后上传图片到网站中,向人询问这些作业该怎么做。要知道,这样的一系列操作,很多成年人可能都不是那么熟练,但还是小学生的孩子却做得驾轻就熟。

不得不说,网络的确给我们带来了难以言说的便利,可与此同时,我们也要注意到它所隐藏的种种弊端。现在的孩子们越来越依赖网络,几乎每一科都能利用网络来解惑。

比如,语文作业中,不认识的字、不懂的词、想不起来的句子,都能上网去查,至于说遣词造句写作文,更是能上网去搜,然后直接抄袭了事;数学作业,只要把题目打上去,点击一下搜索,不仅正确答案能被搜出来,好几种解答方法都会一应俱全,任君选择;英语作业,不认识的单词、不会的句子翻译,都能使用网络现成的翻译器来解决;等等。

虽然便利,但如果孩子对网络过度依赖,就会导致他的学习失去自主性,会让他一遇到问题就想着去搜索,而他自己的思考能力却会慢慢退化,这显然会影响他的学习成绩,更会导致他学习能力的下降。

所以,对于网络搜索,我们也应该辩证地看,可以采取一些恰当的方法来减少孩子对网络的依赖。

**第一,给孩子创造一个独立学习的空间。**

很多家庭中,孩子都有自己独立的房间,而在布置房间时,我们可能只想着要给孩子创造最好的环境,却忽略了环境也会让孩子产生依赖性。所以,如果一时无法改变大环境,那就再重新创造一个小环境。

每当孩子要做作业时,就拔掉他房间里电脑的电源,拿走我们的手机或者他的手机,给他创造一个没有网络的世界,鼓励他自己独立思考,让他有独立完成作业的条件。

**第二,教孩子多渠道、正确地获取知识。**

虽然网络可以获取知识,但这些网络知识也有很多是从书本上挪到网络上去的,所以我们还是要鼓励孩子多看书本,不要总是一心扑在网络上,能翻书的时候就要去翻书。

而如果一定要用到网络,也要提醒孩子专心一些,只搜索自己需要的问题,只看自己需要的内容,不要鼠标一动就点了其他的娱乐内容,否则就会导致分心。

**第三,提醒孩子选择合适的时间使用网络搜索。**

网络搜索的运用越来越多,让孩子绝对不能使用是不可能的,不过我们可以提醒孩子选择合适的使用时间。

比如,在做作业之前最好不要用,而是要鼓励他自己思考,实在想不出来的话就去翻教科书。等到作业都做完了,尤其是可以等到老师批改完之后,再去网站上搜索一下,看看关于这道题还有什么其他的解答或者解释,这也是丰富知识储备的一种方法。

很多学校或者班级都有自己的博客主页,孩子也可以将自己写完的作文或者其他类型的作业放到博客或论坛里,和其他同学进行讨论,这也是一种很好的线上交流的学习方式。

总之,网络不是万能机,但同时也不是洪水猛兽。我们应该教孩子学会正确使用网络,让他既能通过网络拓宽知识面,同时也能做到坚持自我,对自我有足够的约束力。

# 孩子写作业写得很慢,拖拖拉拉,怎么办

在我们看来,小学生要写的作业总归没有多少,按照我们的推算,就算磨蹭一点,一个小时也总能写完。可是孩子的表现却总是让我们感到无法理解,他的作业会写得非常慢,磨磨蹭蹭的,完全超出了我们所预计的时间。

孩子的作业写得拖拖拉拉,假如再遇到一个急性子的妈妈,看到孩子这么磨蹭,妈妈一定会觉得无法忍受,接着就会批评他,一着急还可能会训斥甚至打骂。孩子因此受了委屈,心情也会变得很糟糕,可能到头来作业写得更慢了。

其实孩子作业写得慢也是有各种原因的,比如,有的孩子追求完美,每一笔每一画都要写得到位才行,所以不知不觉中写作业的时间就被拉长了;有的孩子不确定自己要写的答案是不是正确,因此不断地反复思考,写作业的时间自然也短不了;还有的孩子写作业时容易分心,任何一件小事都会让他的注意力被吸引过去,等到他再回过神写作业时,时间早就过去了……

看到孩子写个作业都如此拖拖拉拉,妈妈着急的心情可以理解,但面对这样的孩子,我们并不能那么着急地去应对。孩子拖拉的原因各不相同,如果妈妈只是单纯地着急,可能会让孩子感到紧张,结果反而会更糟。

所以,要解决孩子写作业慢、拖拖拉拉的问题,我们也要根据不同的原因来选择更合适的方法。

🍃 对于过分追求完美的孩子,可以这样做:

这样的孩子总是希望自己能把作业写得完美,不仅是一个错字没有,而且还要横平竖直,包括标点、数学符号都要点画得完美无缺。只要自己感觉写得不好,他就会立刻擦掉重新写,假如是擦不掉的钢笔字,他就会撕掉这一页然后再从头写一遍。

很显然,孩子将他关注的重点放错了位置,他过分关注作业的表面,而忽略了写作业的真正目的。虽然把作业写得整洁没有错误也是写作业的要求,但是我们却要提醒孩子不能因此就过分强调这些东西,毕竟作业并不要求必须写得跟书法家写出来的一样,他只要保证写作业的时候有认真的态度,并且写的时候能多加注意就够了。

如果孩子太过追求完美,我们没必要训斥他,一定不要说:"你以为你是谁,还想写那么好?没错就够了。"否则就会让孩子的自尊心大受打击。我们可以告诉他:"你已经写得很认真了,妈妈为你感到骄傲,所以我们是不是可以再提升一下写的速度呢?这样你就可以拥有一份很棒的作业了。"

🍃 **对于不确定答案的孩子,可以这样处理:**

问问孩子对当天学到的知识是不是已经都学会了,如果还觉得有些不确定,到底是哪里觉得不太懂,然后针对孩子不太明白的地方我们可以给他一些简单易懂的讲解。或者在孩子写作业之前,我们也可以帮着他一起复习,让他在对所有知识都能基本熟练掌握的前提下去写作业。

我们也要多鼓励孩子,告诉他不要太犹豫,只要自己计算的过程或者思考的过程与老师讲的、课本上提到的没有冲突,那么他得到的答案多半都会八九不离十,所以果断写下答案就好。可以建议这样的孩子,将检查的过程放在做完作业之后,多检查几遍也没问题,对得到的答案可以进行验算或者多方面思考,以帮助他确定自己所写是否正确。

🍃 **对于很容易分心的孩子来说,就要这样做:**

给孩子创造一个适合学习的环境,将他书桌上除了学习之外的东西全都清除干净,只留下必须要用的课本、作业本、草稿纸以及其他文具。另外还要注意的是,我们不能给孩子带来分心的机会。比如,不要总是频繁地给孩子送水、送水果、送零食;也不要总是频繁地看他,以确定其是不是分心了;更不要在一旁以监督的名义坐着,否则孩子将会因为一双严厉的眼睛而变得如芒在背,反而更难以集中精神。

同时,我们也可以帮着孩子列出一个合理的作业计划表,让他能按部就班地去写作业,从而避免几科作业同时写而导致分心的情况出现。

　　当然,要让孩子不分心,这是一个长久的过程。有的很"擅长"分心的孩子,即便面前只有学习用品,他也会通过想象来让自己的心远离作业。所以,对于这样的孩子,我们除了在外在环境上努力之外,还要在心理上对他进行各种提醒与劝导,让他意识到写作业是他这一时段的最主要任务,其他的事情都要在作业完成之后再进行。

# 怎样督促孩子更好地完成作业

面对无法好好完成作业的孩子,不管他是偷工减料,还是拖拉,又或者是撒谎、抄袭,身为妈妈的我们总会觉得自己的责任颇为重大,会想着一定要想办法解决这些问题,也就是说,我们都希望自己能督促孩子更好地完成作业。

但是理想都是美好的,可真到做的时候,我们的督促却经常会达不到想要的效果,甚至还有可能出现反效果。

比如,一位妈妈是这样做的:

上小学五年级的孩子写作业一直都是个老大难的问题,总是完不成作业,就算是完成的部分也潦草得很,还错误连连。妈妈便总是训斥他,每天都会在孩子写作业之前训斥一番,美其名曰"不敲打你就不听话"。

结果,孩子每次写作业前就憋了一肚子气,等到写作业的时候,脑子里一半是想着作业里的题目,另一半则是妈妈那一大堆唠叨,他的脑子总是乱乱的,作业写得也就更不好了。

而每次写完作业之后,妈妈还要再问一遍,并且还要一边检查一边再给孩子讲一遍关于写作业的大道理。

结果,孩子的作业写得更糟糕了,老师找妈妈谈话的次数也增加了,而妈妈却觉得是孩子无可救药,丝毫没觉得是自己的督促起到了相反的效果。

这就是个失败的例子。其实,我们督促孩子完成作业,其原本的出发点是好的,这也证明我们重视自己肩负的责任,并且也是真的想要帮孩子有所改变。但我们不能把关心变成添乱,而是要有智慧地去督促孩子。

🍃　首先,不因为孩子的作业问题而总是愤怒和唠叨。

看到孩子不能好好地完成作业,我们心情急躁是可以理解的,但是如果我们总是因为这个问题而对孩子发火或者不停地唠叨,这就可能会适得其反了。

可以适当地向孩子表达一下我们对他不重视作业这种行为的不满,告诉他我们并不满意他目前的表现,对于他不能好好完成作业的表现,我们会非常担忧,也更希望他能好好思考一下,并能和老师合力为改变现状而努力。

这种表达不要频繁出现,可以隔一段时间观察一下,如果孩子的问题得到了改善,那就不用再多说了,如果他依然故我,当然可以再提醒他一次。一定不要频繁唠叨,尤其是不要天天说,否则孩子会产生厌烦心理,甚至最终对妈妈的这种教育产生麻木心理。

🍃　其次,采用时间表加点到为止的提醒来双管齐下。

督促孩子好好完成作业,时间表是个很好的工具,前面也曾经提到过我们要帮孩子制订一个合理的作业时间表,什么时候开始写,写多长时间,每一科该如何分配时间,这些我们可以和孩子一起商量来决定。而且随着孩子的成长,时间表的内容也要随之发生变化,尤其是要随着课程的难度和作业的数量发生相应的变化。

有了时间表之后,我们对孩子的提醒就要变为点到为止了。比如,到了该写作业的时间,我们可以指指钟表,并且点点他的作业本,这就是在提醒孩子他该写作业了。这样就足够了,不要再多说,这也是在引导孩子自觉、自动、自发。

🍃　最后,避免孩子形成依赖心理。

虽然督促孩子可以帮助他重视作业,并改变目前做作业不认真的状态,但是妈妈的督促却也存在一个弊端,那就是有可能会让孩子因此而形成依赖心理。可能有的孩子在进家之后就不会主动去写作业,而是先忙着做别的事情,等到了时间,自然会有妈妈来督促,所以他也就将妈妈的督促当成了闹钟，如果妈妈忘记了督促，他可能也就随之忘记了写作业。

我们可不能让孩子也形成这样的依赖心理，为了改善他写作业的情况，一开始可以督促他，日后就要隔一段时间再督促几次，直到最后不再督促，要鼓励孩子养成好习惯。

# 孩子写作业潦草、作业本不干净怎么办

老师们都喜欢整洁的作业本，哪怕那份作业正确率并不算太高，哪怕是上面也有红叉叉和红圈圈来标示出错误，但是面对一份整洁的作业，老师的心情会好许多。更重要的是，整洁的作业会让老师看得更清楚，不管是有错误还是存在其他问题，老师都能一眼看出来，并及时进行批改和提醒，这样孩子在拿到作业反馈时也会一目了然，也就能更快地改正问题。

相反，如果孩子的作业本一片潦草，老师第一眼看上去就没有好印象，即便作业全对，老师也会觉得很不舒服。而其中的各种错误，老师可能就会因为看不清楚而无法挑出来。再加上作业本上一片"脏"，老师批改的情绪也就不会那么高，要么是一带而过，要么就是看也不看，打回来要求孩子重做。

两相对比之下，我们当然希望孩子有一个的作业本。不过，孩子的表现却总是不尽如人意，尤其是低年级的孩子，会因为贪玩、对作业不重视等而草草地完成作业，结果他的作业本可能就会成为"脏乱差"的典型——本子上污渍多，作业写得潦草凌乱，各种大小错误成堆出现。

有的妈妈对此似乎不那么在意，总认为孩子只要把知识学会了，只要题都保证做对了，就算作业写得乱一些也没什么。可事实上，如果孩子的作业写得太乱，一旦他形成了习惯，将来答试卷、填表格或者做其他需要手写的工作时，他的表现都将会给人留下"脏乱差"的印象。人们常说，"文如其人"，脏乱的文字页面，会让他人感觉这个人对工作不认真，这也会间接影响孩子未来的工作与人际关系。

所以，我们不能只关注孩子学会了没有，也要对他在作业本上的表现有所关注，要帮助孩子养成好习惯，让他也能写出一本本整洁的作业来。

第一，提醒孩子，做作业之前要尽量保持作业的整洁度。

有的孩子写作业潦草，可能多半都是自己不在意，那么每次做作业前，我们不如先提醒孩子一句"作业可要好好写哦，整洁很重要"。简单的一句提醒，会让孩子在保证作业准确度的同时，也尽量注意保证作业本的整洁。

不过，我们要尽量正面去提醒，可不要开口就说"你看你之前写的那作业，又脏又乱，还一堆错误，老师都不愿意看了，这回你必须好好写才行"。虽然这句话的最终目的与前面提到的那句提醒是一样的，可在孩子听来，这一句话就显得刺耳得多。如果是敏感的孩子，可能会因此而产生自卑心理；如果是强势的孩子，也许也会因此而产生抵触心理，反而更加不愿意好好写了。

第二，平时我们可以给孩子展示一下什么叫"页面整洁"。

说到页面整洁，我们不能只是督促孩子做到，当我们自己先做到时，孩子自然也就会想要向好榜样学习了。所以，当我们在处理手写文字页面的时候，不管是填表还是写文章，都一定要保证页面的整洁。比如，要做到不弄脏纸张，用笔的时候要小心，不将墨水甩得到处都是；纸张周围不要放水杯等容易弄脏纸张的东西；写字的时候要一笔一画，不随便涂抹；等等。

可以让孩子在一旁看一看，让他看到妈妈是怎么处理文字页面的，从而通过他善于模仿的天性，来培养良好的书写习惯。

第三，适当地训练孩子练练字。

页面的整洁，除了要注意保护纸张之外，字写得好也很重要。小学生正好在学习写字，我们不妨适当地训练孩子练字。不管是钢笔字还是毛笔字，从孩子小时候起就开始培养，这对他是有益处的。

不过，前面也曾经提到过一点，那就是不要让孩子过于追求完美，写字也要顺其自然，不能为了追求完美的字形表现，而将写字的时间拖得太长，结果最终导致作业时间也被拉长，这就本末倒置了。

第四，偶尔也可以惩罚孩子重写。

对于作业写得很潦草的孩子，如果屡次提醒他都不愿意改正，而且毫无自觉性。那么我们也可以偶尔来一次"重罚",选择一个合适的时间,罚他将作业重新写一遍。孩子可能会非常不情愿,有的孩子也会以"作业太多抄不完"为借口而拒绝,但我们要坚持原则,因为之前选定了合适的时间,所以他的时间是充足的,我们可以给他准备好本子,要求他必须重新写一遍。

在这个过程中,我们一定不能心软,也不能太过严厉,说好了重写一遍,那就要监督孩子做到不能临时缩减,也不能增加。当孩子重写之后,可以问问他的感想,使他能自己注意到作业质量的重要性。

# 孩子写作业注意力不集中,走神怎么办

如前所说,当孩子偷懒时,或者一心二用时,他写作业的注意力就会被分散,心思也会随着被分散的注意力开始乱窜,结果做作业的事情也就随之被抛在脑后。除此之外,有的孩子还会不自觉地走神。

一位妈妈最近就发现了孩子身上存在的异样感。这几天,上四年级的孩子每天回家后主动坐到书桌旁,将书本和作业本都打开放好,看上去是一副认真写作业的样子。可事实却是,孩子只是打开了作业本,写不了几个字,他的手就不再动了,书本的书页也不再翻了,而这种情况往往能持续十几分钟。

每次妈妈都忍不住过去,问道:"有什么问题吗?"

孩子就好像是被惊到一样身体一颤,然后才慌乱地回答:"没……没什么。"接着才慌慌张张地动手写作业,用了十几分钟的时间,就把作业写完了。

妈妈其实很想知道,既然十几分钟就能写完的作业,那么前面那么长的时间里,孩子到底在干什么呢?

不仅是这位妈妈感到奇怪,回想一下,我们的孩子是不是也出现过类似的情况呢? 表面看似在学习,可实际上他在大脑中早已经进入了另一个世界。面对这样的情况,我们当然要想办法帮助孩子收回跑掉的心思,使其重新将注意力集中到作业本上来,不妨试试以下方法。

可以先直截了当地问问孩子到底在想什么。

走神的孩子一定是在想别的事情,所以才会导致他无法注意到自己眼前正在做的作业。所以如果我们的孩子也出现了像前面提到的那个孩子的情况时,我们不妨在孩子做完作业之后,找个时间来好好问问他:"那时候,你都想了些什么呢?"

　　一般来说,孩子可能都会将自己的内心所想告诉妈妈,比如,他在想学校的活动,想明天要做的事情,想妈妈答应自己的那件礼物,等等。对于这样的想法,我们可以提醒孩子,写作业的时间,要做的事情只有一件,那就是写作业。而这些想法,完全可以等写完作业之后再想也不迟。

　　当然也有特殊情况,有的孩子就是想象力丰富,可能看见书上的一个字、一个词或者一句话,然后就开始展开联想,从一件事想到另一件事,再想到其他的各种事,结果他的思维就刹不住了。而如果问他都想了什么,他可能也说不清楚。对于这样的孩子,我们要意识到这是他思维活跃的表现,所以可以对他的思维能力进行合理的引导,帮助他开发思维能力,让他能将多余的精力转移出去,从而保证写作业时的注意力集中。

　　还有一种特殊情况,那就是孩子有不愿意说出来的心事,这也会让孩子无法集中注意力。这些心事有的很敏感,比如,他喜欢上了某一位同学,遇到了一件非常难堪的事,因为某种原因而悲伤,等等。对于这些敏感的事情,我们要体谅孩子,引导他发泄情绪,帮他解开内心的疙瘩,同时,我们也要尊重孩子的隐私和成长,不要训斥,多引导,帮他卸下心理包袱。

　　当了解了孩子的想法之后,再帮助他适当调整写作业的时间。

　　虽然我们都希望孩子进家后的第一件事是写作业,但孩子可能做不到这一点。他也许想要做其他的事情,而如果我们强硬地将他按到桌子前去写作业,那么他的心里就会总挂着那些事情,结果也就无法集中精力去写作业了。

　　与其让孩子这样煎熬,倒不如根据实际情况来帮他适当调整写作业的时间,只要他答应今天一定会写作业,那就可以允许他在写作业之前先把自己想要优先处理的事情做完,当他完成了该做的事情之后,再去写作业,这时他就不会再想别的事了,注意力自然会集中起来。

　　当然,我们也可以用一些行之有效的提醒方法来帮孩子集中注意力。

　　不管怎么说,孩子的注意力从做作业这件事上跑开了终归不是好事,我们要想着帮他把注意力拉回来。比如,在发现孩子走神时,可以走过去轻轻敲敲桌子,不必非得说什么,清脆的敲击声就会让孩子意识到自己走神了;还比如,也可以借送水、送水果的机会,提醒孩子"累了吗?累了就先休息,一会儿再集中精力写",这样的一句话不仅是关心,其实也是在提醒孩子他走神了;还有一种方法非常有效,那就是给孩子贴一张小纸条,在小纸条上写上提醒的话语,当孩子抬起头时,就会发现小纸条上的话,然后就能把跑掉的注意力再拉回来。

关于小纸条上要写的内容,可以分为这么几种:

**督促型**。就是一些提醒类的话语,比如:"要认真写哦!""赶紧加油写吧!"等等。

**鼓励型**。用鼓励的话语让孩子意识到专心的重要性,比如:"加油!专心!这才是一个有毅力的好孩子!"

**警示型**。告诉孩子不专心的后果,让他能引以为戒,比如:"不专心的话,坏成绩就又会来找你做朋友了啊!""走神了就写不对了!老师的红叉叉好可怕呀!"

不管哪一类型的小纸条,都会成为督促孩子写作业的眼睛,会让他逐渐养成集中注意力写作业的好习惯。

另外,我们也不妨对孩子适当进行一些集中注意力的练习。

孩子注意力不集中,一些针对注意力的练习也许也会帮助他得到锻炼,比如,和孩子玩"说哪指哪"的游戏,当我们说完一个名称(鼻子、嘴巴、桌子、被子等)时,都可以要求孩子快速指出来,我们发令的速度可以逐渐加快,而孩子指出目标的速度也要跟上,如果指错了,或者在规定的时间里没来得及指出来,就算失败。

当然,也可以对孩子进行一些注意力训练,让他听着音乐来放松身心,或者经常做深呼吸等练习,这些都对提高注意力有好处。

# 到底要不要陪孩子写作业

督促孩子写作业，是身为妈妈的我们所不能推卸的责任，而为了更好地监督孩子，很多妈妈会选择陪着孩子写作业。我们认为，这样一来，孩子就在妈妈眼皮底下，那他肯定就能好好写作业了，就算他有什么小动作，妈妈也能看见，而且如果他的作业出了什么问题，妈妈也能第一时间提醒或者帮他纠正。

乍一听，妈妈这样做似乎很有道理，近距离的陪伴，的确可以在第一时间处理各种"突发状况"。然而，很多妈妈在亲身实践过后，就会发现，这只不过是一种理想状态罢了。因为我们的陪伴，并不是总能起到好的作用，很多时候，恰恰是我们的陪伴，才让孩子更加无法好好写作业。

我们可能都遇到过下面这样的一些情况：

第一种，没有妈妈陪着，孩子就不愿意写作业。孩子对妈妈的陪伴逐渐习惯，而他也就养成了这样的一种习惯——只要写作业，就得妈妈陪着，否则他会觉得好像少了什么，就算写作业也写不踏实。更有的孩子如果没有妈妈的陪伴，自己绝对不写作业。

第二种，妈妈变成了"随时间答机"，孩子只要有不会的题、不认识的字、不懂的知识，立刻回头问妈妈，然后就能得到解决。结果本来是该孩子自己写的作业（就算遇到问题，他也应该自己去解决），却变成了妈妈和孩子合力完成的任务。

第三种，为了陪伴孩子，妈妈不得不放弃其他的事情，很长一段时间什么都做不了，只能坐在孩子旁边，要做的事情一律都向后推，原本的时间安排似乎都被打乱了。

如此说来，有的妈妈就会考虑，是不是陪着孩子写作业真的是不正确的选择呢？其实也并不是这样的。陪伴多少都会有一定的约束力，孩子会更容易集中精神。

所以，对于要不要陪孩子写作业这件事，我们还要辩证地去看。

🍃 **首先，根据孩子的实际情况来判断要不要陪伴。**

从实际情况来看，一些年龄小的孩子，尤其是刚上小学的孩子，对作业并没有很清晰的概念，要么就不写，要么就不好好写。所以，在那个时候，为了帮助孩子建立做作业的意识，我们可以适当地陪一陪。

在这过程中，要告诉孩子作业是什么，为什么要写作业，让他逐渐意识到写作业的重要性，并养成放学回家先写作业的好习惯。

🍃 **其次，不要一直陪，要逐渐减少陪伴的时间与次数。**

陪伴应该只是一种暂时的行为，随着孩子逐渐长大，他对作业已经有了自己的认知，我们就要减少陪伴的时间与次数，以此来避免孩子产生的依赖心理。

比如，在孩子上一年级时，我们每天都陪他写作业，那么当他逐渐长大，进入二年级、三年级之后，我们就可以一星期陪他一两次；原来我们全程陪伴孩子写作业，从开始直到他写完，到后面的时候，我们就可以一开始看着他写，等他进入状态的时候，就可以离开了。

随着陪伴时间和次数的减少，要让孩子慢慢习惯自己写作业。当然我们也要提醒他，写作业是他自己的事情，也是他自己的责任，所以他应该多加注意。

🍃 **再次，别将陪伴变成"审查"和"审讯"。**

陪着孩子写作业，很多妈妈都会觉得"任务重大"，所以忍不住会用非常严肃的态度去应对。结果陪伴变成了"审查"，妈妈的眼睛就像是扫描仪，总是能看到孩子做得不对、不好的地方，有的妈妈会很快速地给孩子指出来，伴随着"这里错了""那里不对"的声音，孩子写作业的思路也就一次又一次地被打断了。

除了"审查"，还有的妈妈会将陪伴变成"审讯"。尤其是在孩子遇到作业难题做不出来的时候,一看到孩子皱起了眉头不再动作,妈妈就认为孩子是没好好学,所以才不会做题。于是,妈妈就开始问类似于"为什么不会?""是不是上课没好好听?"这样的问题,如果孩子的回答不能令妈妈感到满意,接下来还会有更多的问题等着孩子。

不管是"审查"还是"审讯",都是不合适的。陪伴过程中,一旦发现了孩子的问题,我们可以先不打断他的作业思路,而是要让他自己继续做下去,假如是做不出来的题,可以提醒他先跳过去做其他的。等他所有作业都写完了,再对各种问题进行集中的讨论和讲解。

🍃 最后,陪伴的时候引导要多过直接解答。

有的孩子写作业一遇到问题,就会很自然地扭头向陪在一旁的妈妈询问,而妈妈也往往都会直接予以解答。但是这样的做法显然是不正确的,所有的问题都应该是孩子自己解决的,我们可不要充当教辅书,完全可以鼓励他说:"先用学过的知识解答一下试试看,如果不行就去翻翻书,如果真的解不出来,再来问问妈妈吧。"

我们要培养孩子独立学习的能力,鼓励他自己通过各种渠道去获得问题的解决办法,这样他才能真正学到知识。

# 写作业时出现这些细节问题怎么办

当纠正了孩子对待作业的态度,让他意识到写作业的重要性之后,是不是在他做作业这个问题上就算是万事大吉了呢?

当然不是。在写作业方面,孩子还有很多细节方面的问题需要特别注意。

第一,坐姿不端正。

从小时候开始看书写字时起,孩子就会被教育要学习正确的坐姿,即"手离笔尖一寸,胸离桌子一拳,眼离书本一尺"。但是很多孩子却做不到这一点,绝大多数的孩子坐姿都是不正确的,他们要么前半个身体都趴在桌子上,要么是歪着头枕在一个胳膊上,还有的孩子喜欢跷着二郎腿,或者将腿叉开,又或者把腿跷到桌子上。

孩子正处在长身体的重要阶段,其骨骼的发育并不完全,如果经常采取错误的坐姿去长时间地看书学习的话,会导致孩子的脊柱变形,胸廓的发育也会受到影响,从而出现驼背。同时,他的视力也会受到损害,斜视、弱视、近视等视力问题也会随之而来。

所以,我们应该纠正孩子不端正的坐姿,帮他养成正确的坐卧习惯。

当孩子在学习时,要提醒他身体应该略微后仰或者与地面垂直,后背保持正常的生理弧度"S"形,手臂要自然平放在桌子上,自然执笔或者拿书本,双脚平放在地面上,膝盖弯曲也要适度。

当孩子写作业时,他的身体与桌子保持一拳的距离,眼睛与书本要保持一尺,手指距离笔尖要有一寸,这样就是一个基本正确且能保证健康的学习姿势。

如果孩子出现了这个正确坐姿以外的姿势,我们就要及时提醒他,让他重新坐好。不过有时候孩子已经形成了习惯,一两次的提醒并不奏效,而且如果我们总是对孩子重复他的坐姿问题,他也会觉得很麻烦,所以我们可以在他坐得不端正时,过去拍拍他的后背,或者轻轻敲敲桌子,也可以简单地提醒他"眼睛""后背",这样孩子就会意识到自己的坐姿出问题了。

对于校学生来说,我们也不要让他坐的时间太过长久,坐一会儿就要让他休息一下。否则,当他感到劳累时,原本正确的坐姿也同样会出现问题,所以当他学习一段时间之后,我们就要提醒他调整一下姿势,或者站起来活动一下,伸展一下腰身、舒展一下臂膀腿脚,或者来回走动走动,呼吸一下新鲜空气,然后继续学习。

🍂 第二,执笔方法有问题。

除了坐姿,写作业的时候孩子还会出现执笔姿势不正确的问题,如果拿笔的姿势不正确,那么手指就可能会挡住孩子的视线,使他不得不歪着脑袋去看写下来的字,而这也将会导致他出现近视、斜视等问题。

所以,我们要教孩子掌握正确的执笔姿势。有人总结出了这样一套握笔的口诀:"一抵二压三衬托,指实掌虚腕灵活,角度适宜方向正,笔画轻重细琢磨。"

一抵,就是用中指的指甲根部从笔杆的下方将笔抵住,笔杆前端要留出约一寸的距离,大概就是在铅笔锥形的根部位置。

二压,就是用大拇指从内侧、食指从外侧把笔捏紧然后向下轻压,用拇指和食指的指头肚着力,从而将笔握紧。

三衬托,就是无名指、小指略微弯曲成前后状,并且两个指头要成一个平面贴在桌面上,手掌一侧也要贴着桌面,这样就将中指和整支笔都托起来,形成正确的握笔姿势。

所谓指实,就是要除了拇指之外的四个指头都要紧贴在一起靠实;而掌虚的意思,就是无名指和小指不能蜷到掌心里,掌心应该是空的;腕灵活就是指手腕运动要灵巧,不能太过僵硬。另外,握笔的方向也要正确,笔尖应该指向前方,笔杆要朝向后方,不要让笔杆竖起来,否则就会影响视线。当然,下笔轻重的问题就要孩子自己领会了,太轻会写得不连贯,太重又可能会划破纸张,影响作业的整洁程度,所以应该掌握合适的下笔力度。

❦ 第三,书写方面的问题。

有了良好的坐姿,有了正确的握笔姿势,接下来就是最重要的书写了。在这个科技发达的时代,许多人键盘的使用率远远高于各类笔的使用率,双手在键盘上飞舞的熟练程度也要远超过用笔书写的速度。

但是我们不能让正在学习写字的孩子丧失写字的能力。对于中国人来说,汉字不仅仅是祖宗智慧的结晶,更是一种不可丢失的文化的传承。

而对于孩子来说,能写一手整齐的字,也将对他的未来产生极大的帮助。就如一位老师所说:"学生书写得好坏,直接影响了老师对这个学生的评价。他的学习态度、学习质量,甚至是个人素质,都会在字上体现出来。孩子们写出来的字,就好像是他们的另一张面孔,透过这样一个'面孔',老师也会不自觉地来给学生们打分。"

传统启蒙经典《弟子规》里也特别提到:"字不敬,心先病。"意思是说,写字一定要认真,如果一个人把字写得不工整了,就说明他没有用心写字,心不在焉、浮躁不安。

其实,字并不一定要写得多么漂亮、多么有个性,但是一定要写得工工整整。有的孩子为了赶作业,就潦潦草草地乱写,与其这样,还不如不写。因为孩子不仅不能从写作业中有所收获,而且还不利于他养成良好的写字习惯,另外,还乱了他的心性,让他变得浮躁。要耐心提醒孩子,写字时一定要一笔一画、工工整整地写,虽然一开始会写得慢一些,但是一定不要着急,要把心平静下来。当孩子这样去做时,他的耐心就会被慢慢培养起来。

所以,别再让孩子因为字迹不清晰而导致自己都无法辨别所写的是什么,不要让他因为字迹潦草而让老师看不清楚他所写的内容,导致失分。

借助写作业这个机会,我们也要帮孩子养成良好的书写习惯,虽然不一定要孩子成为书法家,但至少也要让他能写一手整齐的字。

首先,我们辅导孩子写字时要有耐心,一笔一画。我们首先要写得稳,孩子才会受到这份宁静的感染,也慢慢地一笔一画地去写。对于字的基本笔画,最好让孩子多练习几遍,笔画熟练了,再写字的时候就会更为容易,也会更为流畅。

其次，和孩子一起研究字体的结构，比如，上下、左右、半包围、全包围等结构。只有先了解了汉字的结构，孩子才可能写出结构协调的字来。确定结构之后，孩子才能知道第一笔先写什么，然后一笔一笔接下来去写，这样才能写出一个工整的字来。

最后，提醒孩子注意字要整齐。所谓整齐，也就是要求孩子的作业要做到写字按照横格或者方格去写，不要出格，不要偏行。同时，他也应该注意字的大小要匀称，不能写得特别大，当然特别小也是不合适的，而忽大忽小就更不好看了，还是要按照横格或者方格的限制去写，写得久了就会越来越熟练。

# 第四章

## 辅导孩子写作业的技术
### ——把最好的方法传递给孩子

一说到辅导孩子做作业，我们可能都会先想到怎么帮孩子解答他不懂的问题，其实所谓的辅导，并不是让我们去答疑解惑，而是应该将写作业的技术教授给孩子，让他知道该怎样更准确、更有技巧地去写作业。让孩子掌握写作业的技术，才是我们辅导的最终目的。

# 教孩子学会"做作业四步法"

如果问这样一个问题:"作业应该怎么做?"很多妈妈可能会觉得有些好笑,接着就会说:"这有什么难的? 打开作业本写就好了啊!"

话虽然是这样说,但真要做起作业来,尤其是让刚接触作业的小学生们去做的话,恐怕就不是这么简单一句能应付得了的。而且,做作业显然并不是"打开作业本去写"这么轻松就能做完做好的,它也需要一些更为科学的方法。

所以,我们可以教孩子学会"做作业四步法"。

第一步,准备。

做作业前,孩子一定要有尽量全面的准备,各方面的准备全面了,作业写起来也就不那么困难了。

首先是物质方面的准备。孩子应该准备好要用到的各种文具、工具书、草稿纸等,也可以准备好一杯水,以备口渴时需要。

然后就是知识方面的准备。这方面的准备要做得完备一些。孩子应该仔细思考都有哪几科的作业需要做,每一科的作业可能要用到的教材内容有哪些,包括要用到什么公式、定理,要用到什么样的修辞手段、描写手法,等等。同时,孩子还要结合课堂笔记来回忆老师在课堂上都讲了哪些内容,也可以翻看一下例题,在自己的头脑中形成一个较为完整的知识网络系统,这样在做作业时就不会因为想不起来知识点而做不出来了。

第二步,审题。

有很多作业都是以练习题的模式来体现的,对于这样的作业,孩子要先好好读一读题目,看看题目要求做什么,有哪些条件,又有怎样的限制因素,还要仔细思考一下是不是还有其他的隐性条件或要求,要在读懂题目之后再开始动手动脑。

对于文科类的题目,比如像语文作业练习,其题目大多是"填空""造句""提炼中心思想""归纳主要内容"这样的要求,对于这些要求,孩子则要结合课文去思考,这样才能更好地领会题目的意思。

🍃 第三步,解答。

经过准备,也认真审了题目,下面就开始解答题目,也就是开始动手完成作业了。这时孩子要将自己根据题目所做的思考用文字或者计算式、计算结果等方式表现出来,孩子应该尽量保证一定的做题速度,不能太慢,也不能边做边参考,要尽量做准确,既快又好才是做作业的标准;当然,也要保证遵循作业的规范,就是要求写多少就写多少,不能偷懒,当然作业也可以多写一些,甚至也可以将自己的想法写上去,这也是孩子对作业的主动思考。

另外,孩子的解答过程要清晰,不能东一笔西一笔,要严格遵循题目条件,不能凭空捏造条件,也不能顺着自己的意思去编造结论和答案。

🍃 第四步,检查。

作业之后的检查是一个重要的过程,一来查清楚作业是不是都做到了、做完了,二来检查作业做得怎么样,是不是有错误,再有就是看看自己的解答过程是不是还有遗漏的地方,或者是不是还能有更好的解答方法,最后通过检查,孩子还可以归纳一些学习方法,以备日后复习时使用。

不过,有的孩子会把检查这项工作丢给妈妈,还有的孩子则是粗略地看一遍就算过去了,而大部分孩子的检查也只是查一查是不是把所有作业都写完了,而对是不是正确并不在意,还认为那是老师的事情,让老师去做就好了。

这些想法都是不正确的,检查是一个需要孩子保持耐心、细心、专心的过程,要耐得住性子,把自己已经做过的题目再好好看一遍,如果有可以归纳出来的知识点,完全可以随手记录,这可比日后复习时再重新归纳要省力得多。

　　经历了这四步，才是一个完整的做作业的过程。最早时，我们可以帮孩子把做作业的步骤分解开来，并且给予一定的示范或指导。而随着孩子的成长，就要让他自己形成一个良好的做作业的习惯，让他自己也能采取这样的"四步法"来独立完成作业。

# 悉心督导、启发诱导,而不是强制、包办、唠叨

是孩子就会有贪玩的心思,尤其是那些年龄小的低年级学生,学习、写作业只是生活的一部分,而玩耍则是与学习同等重要的另一部分。

所以,小学生可能会非常贪玩,忘记写作业、不好好写作业这样的事情也就时有发生。身为妈妈,我们当然会经常提醒他不要忘了自己的学生身份,同时也会督促他应该好好地完成作业。可是,有的妈妈的督促会逐渐变了味道,从督导变成了强制、包办、唠叨,"快写作业!""不写作业,是想挨打吗?""你又不听话了吧,怎么又没写作业?""听话,不写作业可不行,妈妈这么辛苦照顾你的生活,你怎么也要体谅妈妈吧?"……类似这样的话便接二连三地从妈妈的口中传到孩子的耳中。

但这样的一些话可能在最开始时会有一些效果,可如果妈妈经常这样说,孩子很快就会听得麻木了,渐渐地就会觉得妈妈好像是一个"监工",时刻监督着他的学习。更有甚者,有的妈妈会因为孩子不写作业而"打骂伺候",这样的强制性学习,会让孩子觉得学习是件不好玩的事情,甚至来说是个负担,同时他也会背上沉重的心理负担。简单来说,就是孩子失去了写作业的快乐心情和主动性。

结果,孩子带着这样一种负面情绪坐下写作业,既要和自己头脑中的不高兴做斗争,同时还要思考如何做题,这样又怎么可能把作业写好呢?而且,因为总是被妈妈强制写作业,孩子会对作业产生抵触情绪,只要妈妈不盯着,他就不会主动去写,而妈妈得知这样的情况之后,就又一次开始了强制、包办和唠叨。这个恶性循环一旦开始,就会将孩子向讨厌学习的旋涡中不断地拖拽。

由此可见,要督促孩子主动去写作业,强制的手段是不行的,我们应该

采用细心督导、启发诱导这样的方式，来让孩子理解我们的苦心，意识到我们是在为他好，从而做到主动去做作业。

所以，我们应该一改往日那种厉害冷酷的"监工角色"，转而恢复到孩子最喜欢的"温柔妈妈"的角色上来。

如果孩子不写作业，没必要横眉立目地训斥他，简单提醒一句："宝贝儿，妈妈今天还没看见你的作业本，它还好吗？"看似玩笑，实则关心，孩子立刻就会意识到他还没写作业，也许他在会心一笑的同时，就立刻打开书包，拿出作业本开始写起来。

如果孩子一直拖着不写作业，可以轻轻敲敲桌子，提醒他"现在是做作业的时间，抓紧时间赶紧完成自己的工作才是正事"。这个时候我们不要随便断言孩子是不是出了什么问题，比如，有的妈妈看到孩子作业总也写不完，就回走过来说："不会吧？你又没好好听讲吧？肯定又走神了吧？"孩子可能只是在思考一道题的各种解法，或者只是在进行题目的联想，但妈妈的这种断言，势必会影响孩子的思考，同时也会让他觉得很委屈。所以，此时我们也要信任孩子，可以简单且温柔地问一句："有问题吗？"如果孩子真的有问题，他自然会向我们求助。

假如孩子真的提出了问题，妈妈也要有智慧地予以回答，可别说："这么简单都不会？笨死了！"也不要说："你是不是又没听老师讲？"我们应该只关注孩子的问题，但也不要立刻直接把答案告诉他，可以给他一些点拨，指引他向几个方向去思考，或者给他提一些建议，帮助他打开思路。

当然，随着孩子学的知识越来越多，我们也许无法做到一下子就给他指明思考方向，那就不如和孩子一起思考。在这个过程中，我们也可以将思考的方法教给孩子，或者教他学会自己寻找解决的途径，让他在日后再遇到问题时，能自己主动去想办法。而这种需要一起思考的问题，最好都留到最后去做，应该让孩子先把他会做的题目做完，以免因为一道题而耽误了后面作业的完成。

# 让孩子说说"今天在学校都学了什么"

很多妈妈对作业也会有一种比较狭隘的理解,那就是"作业应该已经涵盖了孩子一天所学的知识,所以只要孩子做了作业,那他就应该掌握了当天所学的所有知识"。

在某些时候,这样的认识是正确的,尤其是在孩子年龄小、学的知识少的情况下,作业可能的确会涵盖孩子一天所学的知识。但是这种情况并不是绝对的,孩子在学校的一天里,不可能只是学到了作业上的那些知识,他应该还学会了更多。而且老师留的作业一般也会有一些针对性,比如会针对当堂讲课的重点去留作业,或者会针对一些疑点难点留一些思考题,等等。但显然,老师的作业也不一定会完全涵盖所有知识点,而且这些作业也不是做完了就算完了。

所以,当孩子按时按量地完成了老师布置的作业之后,我们还要提醒他再多思考一些东西。比如,除了作业要求做的内容之外,孩子在学校里还学了些什么?孩子有没有从中归纳总结出一些东西呢?

有了这样的一些思考,那么孩子做作业就不再只是单纯地完成任务了,而是一种知识的积累和能力的锻炼。

那么,我们可以做些什么呢?

首先,确定孩子所有的作业都做完之后,问问孩子"今天在学校还学了什么"。

当孩子把老师布置的日常作业做完之后,我们可以和孩子一起检查一下他的作业,以确定是否全部完成。得到确认之后,我们就要问问孩子:"今天你都有哪些收获呢?"说起这个话题时,我们的语气要轻松一些,让孩子也能放松下来。

而这所谓的"收获",应该不仅包括孩子上课听老师讲到的内容,还包括其他的一些内容。比如,跟老师学习了一种解题的新方法,和同学讨论出了一种背诵的新技能;还比如,班上发生了什么新鲜的事情,同学们之间又有了什么新鲜的游戏或者好玩的活动;还有就是,孩子发现自己所学的内容中有哪些可以应用在生活中,或者有哪些在他做一件事的时候发挥了重要的作用;等等。

这样一种复述的过程,其实也是孩子的一个学习过程,他会对这些好的内容、有用的东西更加深印象,而随着他的自我消化,这些技能或者知识也将成为他自己的东西。

🍂 其次,引导孩子好好研究一下自己的作业。

作业其实也是孩子学习的一个重点区域,不是说把作业写完就算完了,作业中都体现了哪些知识点,老师为什么要留这样的作业,孩子在做作业时有哪些感想?遇到了怎样的问题?是怎么解决的?这些问题我们都可以引导孩子去想,这些也同样是他一天学习的重要收获。

尤其是那些让孩子花费了很长时间的作业,孩子更要好好想一想,自己为什么花了这么长时间,这和自己当天在学校的学习状态有没有关系,然后还可以好好地回忆一下老师讲课的情形,或者也可以思考一下与同学进行讨论的情景,这些都能帮助孩子更好地总结问题,并使他在下一次做作业时能避免再出现同样的问题。

更重要的是,通过对作业的研究,孩子还可以把作业中的一些重点归纳出来,日后将方便他的复习和继续学习。

🍂 最后,不要逼迫孩子说出当天都学了什么。

有时候,一些年龄小的孩子可能说不出来一天都学了什么其他的东西,他可能会觉得作业已经完全体现了他当天的所学。那么这时候,我们也不要非让他说出一天的收获。而有些妈妈很教条,每天都要让孩子说一说,结果弄得孩子把和妈妈说一说也当成了任务,每天都要花费很多心思去思考当天的收获。

其实没必要这样,孩子有的说就说,没的说也没什么,没准儿这一天他真的过得很简单呢!而且这样的询问也不必要天天进行,可以一星期来几次,或者隔一段时间来一次,要让孩子有的说,同时也要让他能自由地说,这样孩子才能愉快地与妈妈进行交谈。

# 先"过电影"，复习功课，再写作业

放学回家后，有的孩子会立刻打开书包，拿出课本和作业本，坐下就开始写，而有的孩子则会先看一会儿课本，把要写的内容先看一遍，然后才开始写。

虽然前一种写作业的方式看上去很积极，似乎能表现出孩子想要赶紧写作业的心情，可毫无准备地就开始写作业，孩子不一定会写得顺利，没准儿写两笔就开始卡壳，然后就要回去翻书或者停笔思考，本来是想要节省时间的，可现在看来却是想快也快不了，反倒是浪费了时间。

而后一种写作业的方式尽管看上去像是一点也不着急，但实际上，孩子先看一遍教科书，先回忆一下老师所讲的内容，这就是在对当天所学的知识进行一次回顾，老师哪里提到是重点，哪里又是难点，孩子会先有一个准备。经过了这样的复习，再写作业时，孩子因为头脑里已经有了预先复习好的知识，遇到难题时，心中就有了一个基本的思路，虽然可能也需要仔细想一下，却不一定会像前一种方式那样，必须停下来去翻书才能知道该怎么做。

由此可见，在写作业之前，孩子如果能先将当天学过的知识在头脑中过一遍"电影"，先翻看教科书、笔记本，复习一遍，那么他就能将知识的来龙去脉搞清楚，做起作业来就会较为顺利。

不过，有的孩子一听到复习可能就会觉得很麻烦，其实小学生的知识内容并不多，每天所学也并不复杂，写作业之前的复习同样也不会很困难。如果孩子觉得无从下手，我们可以指导他来复习一遍。

这个过程其实真的就像是在看电影一般，首先我们可以先问问孩子："今天都上了哪几节课？每节课都讲了什么？"

我们不要着急，别催促孩子必须很流利地把内容都写出来，而是允许孩子一节课一节课地回忆，而我们可以时不时提醒一句，比如："语文课学了什么？讲了哪篇课文？"或者是："数学课学到了什么新的公式了？讲了什么新定理？"

当孩子回忆完之后，我们可以接着引导他思考："课上老师都讲了哪些问题？有没有让大家思考回答？你有没有举手回答问题呢？那个问题最终的答案是什么？大家有没有理解？你有没有弄明白？"

关于这样的思考，有的孩子可能并不情愿去做，比如有问题他不会，或者老师叫他回答但他没答上来，或者是回答错了，尤其是对脸皮比较薄的孩子来说，这样的回忆可能会让他脸红。所以我们也不要着急，可以引导孩子仔细想想那些让他觉得不好对付的难题都是什么，最好告诉他"有不会的题这没什么，只要你现在能学会、能理解就好"，要让他注意自己是不是学到了知识，而我们也不要责备他没有回答出问题或者回答错了问题。

经历过这一个阶段之后，我们就要继续引导孩子思考，问问他："你对哪些知识比较感兴趣？""对哪些知识已经记得很牢固了？""还有没有依然不知道的问题？"

对这些问题的思考，会让孩子将当天所学的知识都回忆一遍，而在这个过程中，他可能还会想起其他一些比较有意思的事情来，这也会让他的回忆变得更加有趣。同时，还可以建议孩子翻着教科书来思考，这会使他的记忆更为深刻。

当然，这种放电影式的回忆也不一定非得一天一进行，我们也可以建议孩子两三天一进行，或者一星期一进行，或者是学完一个单元之后来想想看。这样也同样会达到复习的效果，等到孩子再做作业时也同样会比较省力一些。

# 引导孩子每天回家后先列一列作业都有什么

"今天老师都留什么作业了？"这是一位妈妈每天都要问孩子的一句话，她说："其实我也不想总是问他，可是孩子总是把作业记不全，虽然不能说每天都会忘记一门两门的作业，但我一个月里总是会有那么几天接到老师的电话，告诉我孩子又忘记做哪一科的作业了，或者孩子又没有把作业写完全。唉，其实我也很头疼啊！不得不每天都问问，以防止他又忘记。其实他也烦躁得不行，每次我问，他也皱着眉很不耐烦地说：'别问了，我都记着呢！'虽然这么说，可他还是会忘记，我能有什么办法？"

听着这位妈妈的话，我们是不是也想起了自己家那个时不时就忘记写作业的孩子呢？的确，有的孩子做作业总也做不全，不是忘写几道题，就是干脆落了一门作业没有写。很多学校的很多班级中，也经常会出现这样的一种情形：

早上时间，各科课代表总是急匆匆地跟在几个孩子后面催促，而那几个孩子也手忙脚乱地四处找别人的作业本，先抄完了作业再说。

虽然抄袭是不好的行为，但孩子也不想因为没交作业而受到老师的批评。事实上，他又确实忘记做了，或者说没有做完全，结果抄袭就成了不得已而为之的行为。

如此一来，孩子的时间其实就相当于被浪费了，本来早上的时间可以看一会儿书，或者预习，或者复习，他却不得不在着急忙慌地抄作业中度过。一天两天还没什么，时间长了，对孩子也是一个不小的损失。

所以，我们不能在孩子已经出现的"没做完全作业"这个事实上发火，而是要在这个事实出现之前就给孩子一些提醒，最好是能引导他学会自己提醒自己，让他再也不要忘记或者没写完全作业。

**第一，提醒孩子记得勤翻一翻记作业的小本子。**

前面我们曾经教给孩子一个方法，那就是让他将作业都记到小本子上，以防止忘记。可是，有的孩子把要做的作业记到本子上后，就认为自己都记住了，然后就不再看了。但孩子可能会因为各种原因，比如贪玩、贪吃，而记不全该记的东西，尤其是对于那些不那么在意的科目，可能就只是记了个大概。一些细节，比如"抄三遍，默写一遍"这样的作业，他可能就只注意前面的抄三遍了，却彻底没记住还要默写一遍。

所以，我们要提醒孩子那个小本子不能只是个摆设，如果把作业都记在上面了，那么写之前也要好好翻一翻，以确定作业的所有要求自己都看见并记住了。

**第二，教孩子把不喜欢的科目的作业列在最前头。**

孩子对于自己喜欢的科目会很小心，恨不得把所有可能出练习题的地方都做了题，可是对于不喜欢的科目就是完全相反的表现了。

有些孩子对于自己不喜欢的科目会有一种"选择性无视"，因为不喜欢，所以也就可能不重视。但是即便不喜欢，这也是孩子必须要完成的作业，所以他不能因不喜欢而不去做。

那么为了解决这个问题，我们可以教孩子对自己"狠一点"，那就是把不喜欢的科目的作业都列在最前面，就是第一眼就能看见的地方，而且还要把这些作业都列详细，等做的时候，也可以先做这些作业。

**第三，提醒孩子完成一个作业做一个标记。**

当孩子把所有作业列出来之后，这就像是一个任务小清单，孩子可以每完成一项作业，就在这个项目之后打一个对钩，或者把这一项作业画掉，这样，做了的和没做的作业就能一目了然，从而避免了遗漏作业的情况发生。

# 让孩子自己计划做作业的程序和时间

在很多家庭中,可能都会出现这样一种情景:

妈妈指着孩子的书包,然后坚定地说道:"赶紧去写作业,给你一个小时,一个小时总够了吧? 你也没有那么多作业。先写数学作业,之后再写语文作业,反正就是抄几个生字、组个词、造个句,做得快些。至于其他的作业,你最后再做。快别浪费时间了,赶紧去!"

而孩子尽管一脸不情愿,却多半都会按照妈妈的要求去做。虽然妈妈都是出于关切之心,生怕孩子不能按时完成作业,所以才会替他安排好作业的程序和时间。可是如果妈妈一直都帮孩子这样做安排的话,孩子就会越来越依赖妈妈。而且,孩子也会越发没有时间观念,他会认为,反正有妈妈帮着安排,所以自己也就不用多操心了。

前面不止一次地提到过,作业是孩子自己的任务,妈妈不能代替他做。当然,我们也同样不能替他安排该怎么做作业、做作业的程序、要做多长时间等各种计划,应该由孩子自己来完成。

让孩子自己去计划做作业的程序与时间,可以培养他做事的条理性以及时间观念。而且,善于自己做这些事的孩子,在日后不管遇到什么事,也都能自己安排计划,并能保证有条理且按时完成任务。也就是说,孩子会借由这个时候的锻炼,逐渐养成条理性和守时的好习惯。

不过,若要让孩子能培养出这样的好习惯,我们首先还得教他学会有计划地制定写作业的程序和时间规划。

关于程序问题,就是孩子应该有一个做作业的顺序,他可以自己决定先做哪一门的作业,然后再做哪一门的作业,最后做哪一门的作业。同时,做作业的过程中,哪道题先做,哪道题后做,这也可以有一个顺序安排。

而对于孩子自己的安排,我们要予以尊重,不能因为他的安排和我们自己的所想有出入就认为他是不对的。

比如,有一位妈妈觉得,先做除了抄写就是朗读的语文作业,然后再去攻克有难题需要动脑筋解决的数学作业,这样比较顺当,就算最后有题做不出来,但其他作业也已经都做完了,所以不用担心;可她的孩子却和她的安排完全相反,孩子先做完了不好做的数学作业,而且花费了比较长的时间,在最后才赶着做完了好做的语文作业。

妈妈为此一直唠叨,说孩子自己不会安排,认为他浪费了时间。可孩子却认为自己的安排还是挺好的,先攻克了难题,后面做什么都觉得很轻松,再也不用有顾虑了。妈妈还是不能认同孩子的安排,还为此唠叨了好几天,孩子觉得烦躁不已。

其实妈妈的这个唠叨完全没有必要,孩子有这样的安排,势必是有自己的想法,就算他的安排真的并不那么合适,让他自己经历一次,对他来说也是一次经验教训,通过亲身体验他才能更加明白怎样的安排是最合理的。

而关于做作业的时间问题,也要交给孩子自己去处理,我们可以告诉他,要根据作业的量以及自己做作业的快慢程度来规定时间,这个时间不能太短,否则他会出现作业做不完或者应付了事的情况;也不能太长,否则孩子也会以此为借口,而将作业拖延下去。

可以让孩子以闹钟作为辅助工具,定一个合适的时间来作为写作业的时间限定,当闹钟响起时,就意味着他写作业的时间已经到了。

如果孩子在时间限定范围之内就写完了作业,那么我们可以建议他再做一些他感兴趣的其他事情,让他能愉快地度过这段多余的时间。切记不要给他安排额外的作业,因为孩子本来就不那么喜欢写作业,不得已用时间来限定,就是为了让自己不能忘记写作业,如果我们反倒在他提前完成后又给他安排其他的作业,那么下次他可能就会故意放慢写作业的速度,因为他会认为"反正快点写还会有其他作业,那还不如慢点写,越快任务越多可不是什么好事"。而且,我们如果给他增加了额外的作业,就又相当于干涉了他对作业的安排,所以我们从始至终都要管住自己想要干涉孩子行为的心思。

# 教孩子学会审题，看清题意再去解答

　　有相当一部分孩子对待作业的态度是非常随意的，会的题目就直接写上，连想都不想，也不考虑其他相关联的知识；一看就不会的题目会很干脆地跳过去，或者干脆胡乱写个答案上去，应付了事。这样的孩子对题目没有什么严密的思考，只要看见选项就胡乱选择一个，只要看见是非题就只是去打对钩和叉叉，完全不考虑题目背后的考查深意。

　　而孩子这样做的目的，无非就是想要赶紧完成作业，好节省下时间去玩或者去做他感兴趣的其他事情。而且在他看来，反正他已经写完作业了，所以我们已经找不出什么理由来催促他或者唠叨他，那么他就大可以放心地去玩了。

　　可是，看似在写作业的时候节省了时间，孩子的作业完成质量却不那么令人满意，对于会的题目，他可能会很随意、粗心，最后把答案写错、写串行；对于不会的题目，他有时候不会去多思考一下，其实题目只不过是绕了一个弯而已。显然，做作业其实也是对孩子思维能力的一种锻炼，或者说是一种考查。如果孩子能认真审题，能在看清题意后再经过仔细思考才去解答，那么相信他的作业质量就会有很大的提高。

　　所以，若要改变孩子目前作业质量低下的现状，那么就教孩子学会审题，提醒他看清题意之后再动手答题。

　　先说审题，有的孩子对写作业还要审题这样的做法有些不理解，因为在他的认知中，似乎只有考试的时候才需要审题。因为考试时的题目都是新的题目，不管是题目的内容还是出题的方式都是与众不同的，所以这时就要好好审题以确定题目到底要考查什么。

　　可是作业的题目往往都是教科书正文后面的一些练习题，这些题既然和课本上的内容相连紧密,而且有些几乎就是一目了然的题目,还用得着审题吗?

这样想就不对了,再简单的题目也有出题的意图所在,哪怕只是一个"根据公式做练习"的题目,也需要孩子好好想想:"根据哪个公式? 这个公式讲了什么内容? 该怎么使用?"只有心里对公式心知肚明,做题的时候才能知道该如何使用,并且越用越熟练。

而且,很多孩子最常出错的地方恰恰不是那些多么困难的题目,而是一些简单的题目。比如,一些单选题的题目要求"把错的选出来",如果孩子没有好好审题,那么他选择的可能就都是对的。所以,不管是多么简单的题目,孩子也不能省略审题这一步,要先审,然后才能开始做。

更何况,作业题中也不都只是这么简单的题目,也有需要好好动脑筋的题目,那么此时审题就显得更加重要了。尤其是对那些题目本身就很长的作业来说,孩子要从头至尾先将题目读下来,在读的过程中去分析题目的条件、要求,同时还要思考解答题目所需的知识点。另外,如果有余力,孩子还可以通过审题去思考题目具体考查的是哪一点,考查的目的是什么。总之,孩子只有将题目审透彻,看清楚它到底是要我们做什么,然后才能开始解答。

不过还有一点也需要大人提醒孩子,那就是审题不是"相面",虽然需要孩子去审题,但也不能为了审题而故意拖延时间,只要能弄明白题目在说什么、想要干什么,就算把题审完了,这时孩子就可以做题了。审题是重要的开始,而做题才是最重要的步骤,所以孩子不能因小失大。

# 写作业也应该先易后难,不要跟一道题较劲

关于写作业的顺序,不少孩子都把握不好,很多孩子都习惯于按照作业题目顺序去做,遇到什么题就做什么题,如果题目刚好都很简单,那么他做作业的速度也就很快;可如果作业中有一道是非常难的题,那么他也会丝毫不管后面是不是还有很多作业要做,转而停下来就跟这一道题较劲,大有不把这题做出来不罢休的气势。

当然了,对一道题不轻言放弃的心是值得肯定的,可是为了一道题就对其他作业视而不见的态度并不值得提倡。因为作业是一个整体,不只是一道题,只有所有的题都做出来了才算完成了作业,否则只是完成了一道很难的题目,那不是做完了整个作业。

所以,我们给孩子的建议应该是,做作业可以先做容易的题,然后再做难题,如果遇到一道比较不好做的题,经过几番思考之后都无法解答出来,那就先跳过去继续做其他的题,等到所有题都做完了再返回来做那道难题,没准儿经过其他题的思维转换,再看这道难题就能有思路了。

不过,有些孩子可能觉得,见难题就躲开的行为不那么舒服,而且,本来就是按照顺序做的作业,突然跳过一道题,心里也会觉得有些别扭。

这样的孩子似乎有些小小的强迫心理,尤其是在一些非常追求完美的孩子身上,这种表现会更为突出。关于这一点我们要好好和孩子说一说,提醒他将作业做完才是最好的结果,从作业中有所学习才是他写作业的最终目的,所以选择最容易进行的方法才是正确的处理方式。不能因为没有按顺序写就不高兴,也不能因为出现了难题阻碍了继续写作业而觉得写作业是件麻烦的事情,孩子如果遵循先易后难的写作业方式,那么最起码能保证他的作业完成绝大部分,剩下的难题就可以有充足的时间好好去攻克了。

而既然已经决定跳过这道题了,那么在写其他的作业时,也要提醒孩子保持专心,不要一边写着其他的作业,脑子里还同时想着没有解答出来的那道题,否则思路就会混淆到一起,不仅那道难题做不出来,对眼前简单题目的解答可能也会受到影响。所以,既然决定要跳过那道题,那就让思路也随之跳出来,赶紧集中精力去解答下一道题才是。

思路跳出来之后,还要记得再跳回去,所以还有一点是需要我们格外提醒孩子的,那就是将难题留到最后去做,孩子要记住自己有哪几道题没做,不要只将容易的题写完,而忘记了还有难题没有写,错误地认为自己已经完成了作业。

为了防止忘记被跳过去的难题,我们可以提醒孩子在没有攻克的难题上做上标记,在写完作业后还应该安排检查时间,在检查时就可以发现还有哪些题没有做,并及时弥补。

# 可以让孩子从喜欢的科目开始做作业

不管说了多少,其实从心底来讲,绝大多数的孩子都并不那么喜欢写作业。因为作业会让他们觉得是学校学习的一种延续,"本来已经放学了,不是吗? 可为什么还要有作业这种东西来继续让我们体验课堂上那一堆枯燥严肃的知识呢?"

孩子的这种心情我们可以理解,可是孩子对作业的感觉只是用他自己那并不长远的眼光去看的,他只认为作业让他没法好好玩耍,却完全没注意作业才是让他学得更透彻的好帮手。

而且,孩子还有一种前后矛盾的表现,那就是对于喜欢的科目,不管老师留多少作业他都会很开心,而且很迅速地做完。而他的那一腔抱怨,也全都是给他不喜欢的科目的作业的。而我们的某些想法也是需要自己反思的,那就是我们可能会要求孩子每一门都能学好,即便是作业也应该都写好。

正是孩子这样的认知以及我们的态度,才导致他对作业产生了厌倦心理。其实,我们倒不如抓住孩子的这个特点,建议他从喜欢的科目开始写起,在一开始就提升他对写作业的乐趣和积极性。而我们也不要因为了解了孩子喜欢的科目就对他不喜欢的那些科目感到吃惊和惋惜,也没必要强迫他必须去喜欢其他的科目,一切只要顺其自然,也许事情的结果就会令我们感到惊喜。

所以,当孩子又一次不得不坐在书桌前开始写作业时,我们不妨笑着说一句:"嗨,你为什么不从你喜欢的科目开始写起呢? 喜欢哪一个科目,就先从那一科开始写起吧! 然后从剩下的科目里,再找一个比较喜欢的,以此类推,最终总能写完。"

　　而对于孩子挑出来的他最喜欢的科目，我们也要保持一种淡定的心态，尤其是不要总拿自己的喜好去套孩子的喜好。就算看到孩子最喜欢的科目是我们并不那么看好的"副科"，我们也不要因此而觉得孩子是不爱学习的，毕竟这也是他课程的一部分。我们要尊重他的喜好，因为他最喜欢的科目将会让他对作业产生足够的兴趣，会给他写作业的过程开一个好头。

　　这是因为，越是孩子喜欢的科目的作业，他做起来也会越顺手，他也会越容易投入到学习中去，有了兴趣后，攻克后面科目的作业也就不是什么难事了。当孩子写作业的心态越来越积极时，他对写作业这件事也就有了信心，随着一个科目一个科目的作业被逐一"攻破"，孩子会发现，写作业也并不是什么没意思的事情，从喜欢的科目开始，他能一路不断攻破难关，当最终所有作业被写完时，他便会体验到成功的喜悦。

# 引导孩子对待作业就像对待考试

提到考试,孩子们应该都会心里一紧,考试是多么让人紧张的事情啊!每一道题都必须要认真对待,而且还有时间限定,最重要的是,最后还会有成绩。如果有了好成绩,孩子们当然都会感到开心,可如果是不那么理想的成绩,不仅孩子不开心,我们也会觉得心里有些堵。

但说起作业来,很多孩子就会觉得没什么。反正也只是一种课后考查,反正也可以翻着书来做,反正也只是老师给个评语,有了这样的想法,作业在孩子眼中似乎就变得没那么重要了。

所以,很多孩子会重视考试,却对作业感到无所谓。而既然知道了孩子对待作业和考试的态度,我们就不妨将这一点利用起来。如果能引导孩子像对待考试那样去对待作业,他是不是就会对作业重视起来,并能保证认真完成呢?

提到这个方法,有的妈妈可能会觉得不那么好实现。毕竟对于孩子来说,考试本来就是一个很紧张或者说觉得很"可怕"的事情,若是再将作业当成考试让他去做,他会不会更加厌烦呢?

这个忧虑不能说没有道理,所以我们才要更有智慧地来对孩子加以引导。

🍃 首先,了解一下考试的相关事宜,以及孩子对考试的态度。

若要想让孩子把作业当成考试来做,我们首先应该了解现在的考试是怎样的,都有哪些需要注意的地方,同时也要知道孩子对考试是个什么态度。

了解现在考试的相关事宜,为的是更好地为孩子创造适合考试的环境或者氛围,以求达到更好的考试效果。而了解孩子对考试的态度,则会帮我们更好地判断这个"将作业当成考试来做"的方法是不是能行得通。

这是因为有些孩子对考试几乎是厌恶至极,虽然说他这样的态度并不正确,但一时半会儿也无法让他彻底改变这样的感觉。所以,如果孩子非常讨厌考试,我们还非要让他用对待考试的态度去对待作业,他可能也会开始讨厌做作业,最后反倒彻底不做作业了。

当然,如果孩子对考试只是感到紧张,并不那么厌恶,那么这样的方法也就可以继续实施下去。

所以,我们也要尊重并理解孩子对考试的态度,也可以借此机会帮他正确认识考试,但不要强迫他。如果孩子能理解考试的意义,不再那么讨厌考试的话,那么可以继续试试这个办法;如果孩子并不那么容易改变态度,这个方法要缓行。

### 其次,引导孩子试验一次"考试型的作业"。

不管怎么说,凡事都需要先试试才知道是不是有效,所以我们可以先引导孩子试验一次"考试型的作业"。不过不要给他制造过于紧张的气氛,可以给他安排一个安静的环境,并准备好闹钟,定好时间,把一些参考书、参考答案之类的都拿走,提醒他要用心去做作业。同时也要告诉他,我们也会充当他的监考官和判卷老师,所以他也要认真对待。

这种体验最好要真实一些,不要嘻嘻哈哈地连哄带骗,否则孩子会没有实际的考试感觉,他会认为这是一场游戏,但也没必要太严肃,否则会打击孩子想要尝试的心。

### 再次,不要总用考试来吓唬孩子。

有的妈妈可能会将"考试型作业"当成一种吓唬孩子的新手段,认为只要这样一说,孩子就会害怕,就会认真去对待作业了。这样一来,也许就算不用将作业当考试来做,他也不会忽视作业了。

其实不然,这种吓唬会让孩子觉得考试很可怕,而妈妈如果总是用这一招来吓唬他的话,他会觉得作业也很可怕,或者久而久之,他会对妈妈的管教变得麻木起来。到时候可能就变成这样:不管妈妈使用什么样的教育手段,孩子都不会听话了。

所以,别吓唬孩子,考试型的作业是为了督促孩子像重视考试一样重视作业,而不是让他像害怕考试一样嫌弃作业。我们可一定要搞清楚这个方法的重点所在。

🍃 **最后,教孩子学会具备一颗平常心。**

当然,孩子总归是不喜欢考试的,他其实也并不那么喜欢作业,可这些东西他也要用平常心面对,不能因为讨厌就彻底不理会,毕竟人生中总会有这样的东西存在,虽然不喜欢却不得不面对。

所以我们也要教孩子学会用平常心对待这些事物,就像前面所说的,借助考试型作业这个机会,教孩子不管遇到什么都要冷静,要尽最大的努力去发挥自己的水平。

# 周末作业、假期作业要"交叉做"

在一次"三天小长假"时，为了不让孩子们过于放松，老师特意多留了一些作业，并且还给各位父母发了短信，希望他们能督促孩子学习。

一位妈妈对此很在意，可她 11 岁的儿子却完全不是这么想的。

儿子觉得好不容易有三天假期，却还要做这么多作业，又麻烦又枯燥。妈妈则认为他这样想不对，于是每天都要督促他完成当天的作业。结果，好好的一个假期，儿子过得不痛快，妈妈过得也挺紧张。

类似这样的情况在很多家庭中都会出现，一到假期，妈妈们就不得不开启一项新的功能——更频繁地催促孩子的学习，家中也会经常响起"作业做了没有"的吼叫声。

其实说心里话，孩子也并不想总被妈妈说，他也想一下子做完作业，然后再去做别的事情。可是，假期的作业也的确比平常多，本来就不那么喜欢做作业，现在又多加了作业，也难怪孩子会不想写。而且假期本应该是休息的日子，却还要继续做作业，而且还会因为量多而做很久，这是多么让人觉得不舒服的事。

不过，老师的心意我们也不能完全抹杀，老师们也是怕原本爱玩的孩子彻底忘记了学习，假期里只玩不学的话，恐怕假期结束后会不好收心。

所以，我们倒不如从改变孩子做作业的方式来入手，让他既能不忘记学习，同时也不会因为作业多而感到烦躁。这里提供一种比较有效的方法，那就是让孩子把这些周末、假期的作业来一个"交叉做"。

所谓"交叉做"，就是允许孩子不一下子把某一门的作业做完，而是将各科作业都拆分开来，比如，写一会儿语文的生词、造句，然后做几道数学题，接着再抄写一些英语单词，这是第一时段或者第一天的作业；第二时段或第二天开始,又可以写写作文、做做数学题、听听英语;第三时段或者第三天继续。

这样做作业的方式会让孩子不会因为长时间只做一科作业而感到枯燥和厌烦,所以我们不妨将这个方法教给孩子。

首先,确定假期作业的总量以及孩子自身的实力。

孩子的假期作业虽然会比平时多一些,但有时候也并不是那么不可接受的。所以如果要交叉做作业,也要先看看孩子的作业有多少,而且更要注意到孩子的实力和其他实际的安排。

如果说孩子完全有实力可以一次性做完,或者说我们家庭中的时间安排足够他集中时间彻底处理好作业的话,就没必要非得让他把作业拆得那么散。

当然,最好以孩子的意愿和感受来进行判断,不要强迫他,如果他的确想要休息一下,这样交叉做也不是不可以。只要最终能保证他不会将作业落下或者堆到最后去赶就可以。

其次,和孩子一起为他的作业做好安排。

交叉做作业也要有个合理的安排才行,如果口头安排或者心里安排不那么容易遵守的话,我们可以和孩子一起为他做一个书面安排。这样一来,这个安排既能起到提醒的作用,也能成为一种督促。

最好是帮孩子设计一个表格,表格中可以列出诸如科目、所用时间、要做的作业、剩余的作业等内容,然后根据孩子作业的难易程度,将作业平均拆分开。

可以把做好的表格贴在孩子的书桌上或者墙上等醒目的位置,每完成一项就用红笔画掉。每天妈妈也要看看孩子作业的进展情况,并适时地督促一下。

另外,也可以将孩子的这个作业安排与我们家庭中的假期安排相结合,让孩子在紧张认真地做作业之后,也同样可以享受轻松愉快的假期。

最后,提醒孩子不要频繁地换作业。

我们建议孩子交叉做作业,并不是允许他频繁地换作业,尤其是不能允许他频繁地换题目去做。

比如,有的孩子交叉做作业会是这样的:一开始想做语文作业,可是写了5分钟就烦了,然后就立刻换成了数学作业,但做了没几道题就觉得烦了,接着就跳着做了几道题,可还是觉得烦,随即就扔了数学,又拿起了别的作业……如此下来,时间耗费了不少,但没有一科作业能做得比较像样。

这样做作业的话,孩子的注意力会无法集中,还没进入状态就又换了,他也会越来越浮躁。所以我们要提醒孩子一旦开始做作业就要专心一些,可以定个闹钟,到时闹钟一响,就可以换一科来写。而且,我们也要时不时地观察孩子,假如发现他已经很烦躁了,那就提醒他换换脑子,做做别的作业,这也未尝不可。

另外还有一点需要注意,在做数学题时,有的孩子因嫌前面的题麻烦,所以做完一两道就跳到另外一道题去了,这样也不行。要提醒孩子一道接着一道去做,假如遇到不会的题可以标记一下跳过去,但如果不是不会,那就不要怕麻烦,做完一道再换题,这才能保证他处理完所有的问题。

# 第五章

## 孩子写作业需要"合力"
## ——妈妈应该做的"功课"

大部分妈妈都认为,写作业就是孩子自己的事情,毕竟那是他自己的学习。事实却并非如此,孩子写作业也需要"合力",不仅仅是孩子要尽自己的努力,妈妈同样也有不可推卸的责任,所以在孩子写作业这件事上,妈妈也应该好好做做"功课"。

# 给孩子创造一个良好的写作业环境

做作业是只有认真对待才能圆满完成的一项任务,但怎样才能认真呢? 对于注意力不是那么好集中的小学生来说,一个良好的写作业环境是非常重要的。

很多妈妈似乎对这个环境有些忽略了,孩子们在写作业时,有的妈妈就在一旁看电视,自己一边看还一边催促孩子快写;有的妈妈则在一旁监督着,既要求孩子一定听话,还要求孩子必须快些写作业;更有的妈妈干脆就不管不顾,只要求孩子必须写完,并写好作业,至于他在哪儿写则一点儿都不关心。

结果,当孩子在作业上出了问题时,妈妈还要去抱怨孩子的不是,这岂不是有些冤枉他了吗?

小学生抵抗周围干扰的能力是非常弱的,有一点动静都能让他迅速移开视线,进而去瞧瞧到底是怎么了。这一点相信很多妈妈都深有体会。回忆一下我们小的时候,即便是坐在教室里,如果教室外有一点异样的声音或者来了陌生的人,我们是不是会马上扭转视线去瞧呢? 此时我们的注意力已经完全不在学习上了吧?

如果我们当年是那样,那么现在我们的孩子也会有同样的感觉。由此可见,只有相对清静的环境,才有可能让孩子保持对作业的专注力。而显然,布置这样的环境就是我们必须要做好的"功课"了。

所以,我们首先要尽量保证孩子周围环境的安静整洁。

孩子写作业时的环境一定要安静且整洁,最大限度地减少各种干扰因素。

安静的要求就是,我们要减少或者完全停止各种吵闹的活动,看电视、听音乐、玩麻将、打牌等各种活动发出的声音最好不要让孩子听到,就算是行走、聊天，也应该适当将声音调低。

而要做到整洁我们需要注意这样几点：尽量给孩子准备一个固定的写作业的地点，如果有独立的房间，就要有固定的桌椅，如果没有独立的房间，也要有固定的位置；在孩子写作业的地方，除了参考书、文具等东西，不要有其他杂物；如果有条件，可以给孩子贴几张写有督促他努力学习的格言警句的纸，这样会给他创造一种良好的学习气氛。

另外，虽然要给孩子准备安静的环境，但我们不能太教条，尤其是不能把他单独关在一个封闭的空间里，否则对于他在房间里干什么，我们依然会心怀疑惑，更重要的是，孩子不可能总是处在那种绝对安静的环境之中，如果他形成习惯，将来到了不那么安静的地方，恐怕一点声音都会让他无法专心。所以，我们可以开着门，或者让他在我们的视线范围之内，只要保持相对的安静就可以了。

环境安静了，工作还并不算完，我们还要管好自己的嘴，做好自己的事。

只要孩子开始写作业了，那么我们在一旁就不要多说话了，不管是督促还是挑错，又或者是劝导，都要留到孩子把作业写完之后再进行。如果有问题，我们可以记录下来，或者让孩子把自己的疑问记录下来，等到作业都写完之后，我们再和他一起商量解决。

而这里所说的"做好自己的事"，则是要求我们给孩子做好榜样，如果我们也能腾出时间来给孩子做好学习榜样，让孩子看看认真学习是个什么样的状态，那么他也会模仿我们，从而也能做到好好学习。

前面提到的都是一些临时的环境，也就是孩子要写作业的那个时刻的环境，其实真正良好的环境也需要我们在日常努力创造，也就是说，我们还要给孩子准备一个和谐的人际环境，还要注意收敛那些被我们忽略的声音。

比如，平时我们在家里总是吵吵闹闹，因为一点小事就喋喋不休、唠叨个没完，当我们和家里人或者和邻居总是有这样不和谐的关系时，这没完没了的矛盾就很容易对孩子造成一种心理干扰，他会因此而感到焦虑、恐惧或者厌烦，这也同样会影响学习。

# 教孩子注重思考，学会独立思考

做作业也是考查孩子思考能力的一种方式，单纯的抄课本或者只是对照着教科书上的公式去套用，这并不能算是孩子真正掌握了知识，如果不能将知识转换为自己的，就代表孩子并没有理解课堂所讲的内容，那么他也就没法自己完成作业。

小学生的一些作业并不难，比如，语文作业，可能只是简单地抄抄生字、念念课文，有的孩子可能会应付了事，而不动脑子。这样做作业短时间内还可以应付，但随着所学知识越来越多，作业的难度也会越来越大，当这种简单的抄写作业没有了之后，他就会因为不会自己思考而无法单独完成作业了。

所以，借着做作业这件事，我们也可以让孩子重视起独立思考这件事，并且逐渐学会并掌握独立思考的能力。

可是说到思考这件事，更多的孩子还是会一头雾水。的确，对于小学生来说，思考是一个很深奥的词，没有什么具体的行动表现，也没有什么可模仿参考的模式。本来他就不知道思考到底是什么，结果妈妈还要在一旁不停地催促："你得好好思考！"孩子当然会觉得不知所措，也会觉得自己被压迫得太紧。

其实思考这件事也并不是那么难，关键就看我们怎么引导孩子。我们可以帮助他进行一些必要的思维训练，从而培养其具备独立思考的能力。

🍃 首先，告诉孩子什么是思考、为什么要思考。

小学生一开始做作业时习惯于模仿，因为这时候他的大部分作业都是"抄写""阅读""仿照"，所以他只要能照葫芦画瓢，作业基本都能完成。

在这种做作业的模式下，我们要引导他去思考，就要告诉他，思考就是他对自己作业内容的一些想法,比如,抄写一个生字,抄写是作业要求的动作,而这个字念什么、怎么写、什么意思,则就是他思考的内容;还比如,借助于前面数学题的计算方法,计算出新的题目的答案来,计算是做作业的直接行为,而这种计算是在教他学会加法或者减法,这也是他思考的内容。

在孩子做完作业之后,我们就可以引导他进行这样的思考练习,让他明白只有经历了思考,他的作业才做得有意义。

**其次,引导孩子根据自己作业中的问题去思考。**

孩子作业中会存在诸如粗心、不理解、没学会等各种问题,这都是值得孩子去思考的。所以,在孩子做作业之前,我们要提醒他注意平时容易犯错的地方。如果遇到不懂的问题,可以先自己回忆一下老师讲的内容,然后再动手去做题;如果真的没有学会,就先记录下来,等作业都做完之后再和妈妈来讨论。

同时,也要提醒孩子针对问题本身去思考,但不要很笼统地提醒他"你要好好想想",否则他是不会知道"想想"到底应该想什么的。可以引导他从问题的根源去思考,比如,这个问题要考查什么知识点,他可以想到怎样的方法去解决这个问题,他平时所积累的那些知识是不是对他有所帮助,等等。

既然是引导,那么我们就不要代替孩子去思考,一定要让他自己去针对问题进行思考,如果他思考得不完全,可以提醒一句,但不要完全告诉他该怎么想,否则就无法锻炼他独立思考的能力了。

**最后,教孩子学会缜密思考。**

在孩子做作业的过程中,要引导他学会独立思考,这样可以培养孩子的思考能力,所以也要注意教他学会缜密思考。否则,孩子一旦思考得过于简单,他可能就会被题目所迷惑,从而做出错误的答案;或者孩子有时候也会思考得不全面,结果就会导致丢三落四的现象出现。如果孩子养成了过于简单的思考习惯,这对于他以后的成长就十分不利。

针对这种情况,我们要教孩子学会逐步递进地去思考。面对一道作业题,如果题目很复杂,那就一步一步来,先解决一步再进行下一步,不要着急。

# 教孩子学会查阅工具书，少用电子词典

孩子写作业的过程中，不可避免地会遇到不认识的字、不理解的词，也可能会遇到一些需要延展性阅读或使用的公式、资料的题。那么每到这时，工具书就应该是他写作业的最好帮手。

可是，纸质的工具书在很多家庭中似乎已经不那么常见了，取而代之的是那薄薄的，具有包括查阅、解答、游戏等各种功能的电子词典。

而问题往往就出在这个电子词典上。

一位妈妈发现9岁的儿子最近做作业比平时快了，比如，做数学作业，以前他算一道题得老半天，可现在却格外的快，几下就出答案了，就算是看上去很长的算式和很大的数字，他算得也挺快。

原来，儿子央求妈妈买了一个电子词典，这上面不仅有可以查询外语单词的功能，还有计算的功能，儿子每次做数学作业时，就利用词典的计算功能，这样很快就得到答案了。

妈妈并不那么了解电子词典还有这样的功能，只是觉得儿子自从买了词典之后，做作业果然比以前好多了。而儿子也觉得，自从有了电子词典，好多问题都能解决了。

表面看似解决了问题，但实际上，妈妈并不了解孩子学习的内情。另外，孩子也被电子产品误导了，最终学习状况肯定不理想。

其实，孩子学习过程中的确需要一些外界辅助，如果说在学校里，老师和同学就能给孩子的学习提供最好的帮助，那么在学校之外，当孩子自己学习时，工具书和各种资料才应该是他最需要的帮手，而并不是那个外表冷冰冰、内里却热闹非凡的电子词典。

有人会说了，工具书又厚又大，而且种类繁多，翻起来也太麻烦，电子词典小巧玲珑,能把这些工具书都收录进去,功能也很多,这不是应该更方便孩子的使用吗?此言差矣。电子词典正因为装的东西太多,正因为比较灵巧,所以会让孩子不自觉地就产生一种依赖。一遇到问题,他简单地按几个键,也不用翻那么厚重的书本,结果想要知道的东西立刻就呈现出来了,这太方便了。于是孩子会越来越习惯这样去处理问题,从而不再自己动脑子。

电子词典毕竟只是人们将内容录入进去,所以难免有错,而且有些内容也会因为内存的大小而被压缩或者简化,这就有可能导致内容的不完整。如果长时间使用有错或者不完全的知识,孩子在知识积累时,会遇到阻碍。

更重要的是,许多电子词典不仅有查阅的功能,游戏功能也同样存在,孩子完全可能打着使用词典的旗号去玩游戏,这就明显在耽误学习了。

所以,电子词典终归还是不如工具书更有用,我们可以多给孩子准备工具书,至于电子词典,除非实在没有办法,否则还是让孩子少用为妙吧!

我们需要给孩子准备的工具书包括两种,一种是普通的工具书,包括各种字典、词典,等等;另一种就是学科的工具书,在准备这类工具书时可以征求一些学科老师的意见,选择必要的且准确的工具书来给孩子使用。

准备好了工具书,还要教孩子学会使用,除了教他如何查字典、生词之外,也要告诉他工具书的真正用途,即只有在实在不知道该如何处理某些问题时,才能使用工具书,遇到问题,还是要先自己想一想,先要自己动动脑筋。

# 教孩子时刻保持书桌的整洁、有条理

　　书桌是孩子写作业必不可少的工具，就像是吃饭最好在饭桌上一样，在合适的地方写作业，孩子才会意识到自己是在写作业，否则他的注意力可能会难以集中。

　　那么，是不是给孩子一个书桌就万事大吉了呢？当然不是。来看这样一个例子：

　　妈妈给孩子新买了一张书桌，书桌很大，孩子一开始只在上面摆了一些书，可他发现那么大的书桌其实还可以放别的东西。于是他便把玩具、零食也都搬到了桌子上。

　　很快妈妈就发现了问题，孩子每次写作业的时候，都会一边玩桌子上的玩具，一边吃零食，一边写。结果，他写作业的效率非常低。后来，妈妈收走了孩子桌子上除了书以外的所有东西，并提醒孩子经常收拾书桌，以保证整洁而又有条理。孩子写作业的效率这才一点点提了上来。

　　很多孩子对于书桌是不是整洁有条理，似乎没有特别的感觉，只要能给他挪个地方写作业，似乎就够了。可是，当书桌上干扰因素太多时，就如例子中讲的一样，孩子的注意力会立刻被吸引过去，作业则立刻被抛到了脑后。就算中间他自己能回过神来继续写作业，但不一会儿，可能又被桌子上的其他东西吸引住了。

　　所以，从这一点来看，我们也要多下功夫，教孩子时刻注意并保持书桌的整洁及条理性。

　　🍃 第一，从一开始就不在书桌上摆放过多其他的东西。

　　书桌就是用来看书学习的，这是它最主要的功能。所以，在孩子房间里的书桌上，最好不要把玩具、零食这些不属于看书学习范围之内的东西摆上去。书桌上可以摆放必要的文具,一些工具书、参考书,一些白纸、练习本,等等。

有的妈妈会出于美观的考虑,摆上一些小摆设,其实这也是没有必要的,我们要考虑到孩子爱玩的天性,不要给他创造可以转移注意力的机会。

关于要不要在书桌上摆放电脑,也要好好考虑一下。就目前来说,还是小学生的孩子对电脑的需求其实并不大,虽然可以当作一种兴趣来接触,但不建议将电脑摆放在他用来写作业的书桌上,可以将电脑放在客厅等显眼的位置,方便我们在孩子使用电脑时进行监督。

🍃 第二,如果用书桌做了其他的事,事后要及时清理干净。

当然,书桌的主要作用是让孩子看书学习,但这么大个桌子还会有其他用处。比如,孩子想做小实验,书桌是最好的实验场所;我们如果想要翻找一些资料或者写点什么东西,也可以借孩子的书桌一用。

但是,不管我们用书桌做了什么事情,事后我们都要记得收拾干净。在孩子自己使用后,我们则要提醒他,将桌子上不属于学习使用的各种用品清理干净。

🍃 第三,没有书桌,也要给孩子创造一个写作业的地方。

有些家庭可能并没有专门的书桌,或者说因为各种原因而导致孩子不能如愿在书桌上写作业,那么我们可以把这里提到的"书桌"当成一个广义的书桌,那就是只要是能让孩子写作业的地方,就都可以统称为"书桌"。

这个地方最好是固定的,平时孩子不写作业时,可以做其他用处,可以堆放其他的东西。可一旦孩子要写作业,那么我们就要帮他将这块地方清理干净,以保证这一处只有孩子的各种学习用品,而没有其他影响他注意力的东西。

# 帮孩子克服对写作业的畏难情绪

大多数人并不愿意遇到困难,因为困难当前,人们就不得不花费更多的力气,也不得不想更多的办法,原本可以短时间内完成的事情,也不得不被拖长。甚至当遇到一些一时半会儿无法解决的困难时,许多事情可能就不得不停滞下来。

而也正是因为如此,许多人会产生一种畏难情绪,遇到困难就会表现出不安、失望、沮丧、焦虑,有时候甚至还会因此而失去信心,导致最终的放弃。

很多孩子在写作业这件事上也会产生这样一种畏难情绪,一遇到难题,特别是遇到自己不喜欢的科目的难题时,他就会觉得"这个作业真心写不下去了",接着他还会认为"这个我肯定写不出来,我不会,我做不到",这种心理一出现,小小的作业瞬间就变成了他面前的一座难以跨越的大山。

容易产生这种情绪的孩子,多半缺乏毅力,意志力薄弱。这个缺点不仅表现在他对待作业的态度上,同样也表现在其他方面。所以我们一定要培养孩子的意志力,帮他克服写作业时的畏难情绪。

🍃 首先,平时不要让孩子总是体验成功。

每位妈妈对孩子的疼爱都溢于言表,他们都愿意看到孩子的成功,而不愿意看到他因为失败而表现出来的沮丧和难过。所以,在我们的保护与支持之下,孩子会经历很多的成功,他总是能体验到成功的喜悦。

这种看上去很美好的体验,可能一开始是美好的,但如果体验的次数太多,就会变成孩子的累赘。毕竟,这种总是充满美好体验的生活是不正常的,而孩子会因此而"爱"上这种感受,并拒绝接受其他的感受,一旦遭遇困难,他会觉得不可思议,并因此而想要逃避,以躲开困难所给他带来的这种不舒服的感觉。所以,做作业中出现困难是总能体验到成功的孩子所不能忍受的,因此他会因为拒绝接受困难而对作业产生畏难情绪。

所以,我们应该让孩子习惯接受那个正常的处处都充满困难的生活,这样他也就能习惯接纳任何出现在他面前的困难了,包括作业中的困难。

🍃　其次,和孩子一起分析那些"困难作业"。

当然,还是小学生的孩子对困难的理解总是会有些困难,所以我们不妨和他一起来直视这样的作业。

比如,很多孩子对应用题都觉得不能理解,认为那是最难的题目。那么,当他再遇到有应用题的作业时,我们就来和他一起面对,和他一起参照教科书前面提到的应用题的解答,并鼓励他回忆课上老师讲解的内容,通过对题目的分析以及对相关公式、定理的代入应用,让他自己亲身体验从分析到解答的感受,当他发现自己也能很快解决这样的题目后,他的畏难情绪应该就会有所减少。

🍃　再次,教孩子从容易的科目开始做起。

孩子的作业总是会有难做的,有好做的,与其让孩子从一开始就因那些不好做的作业太难而产生畏难情绪,还不如让他从简单的题目开始,在体验过自己独立解决的感受之后,带着自信去解决后面的难题。

可能有的孩子会认为所有的作业都很难,那就找一些相对容易的,比如,对有的作业孩子是一点头绪都没有,而对有的作业可能会比较容易下手,那就让他从后者开始做起。我们可以给他一些帮助,在一旁提醒他注意一些题目中的小细节,帮助他将较为容易的题目先解答完,然后再鼓励他按照刚才做题的方法去应对那些困难的作业,也许这时他就可以找到题目中的突破点。

🍃　最后,平时要注重对孩子意志力的培养。

不管怎么说,要应对这些困难,还需要孩子具备一定的意志力。那么平时,我们就要加强对孩子进行意志力的培养。也就是要提醒孩子不要一遇到困难,一遇到不会做的题目,就不想做了,就想要放弃整个作业,而是要让他能坚持下去。

　　平时我们可以多给孩子分配一些他力所能及的任务,让他尽量自己完成;或者分配给他一些稍微超出他能力范围的事情,鼓励他多努力一下,让他看到自己可能具备的潜力。当他遇到问题时,我们可以给予启发,或者简单地帮一下,但不要全部包揽过来。让孩子多经历一些,尤其是当他看到经过自己的努力完成了一件在他看来很了不得的事情时,他的自信心自然会增强,意志力也会在这个过程中得到一定的锻炼。

# 认真对待孩子的提问，但不直接告知答案

一位妈妈最近很烦恼：

孩子上四年级了，学习任务也比之前重了许多，很多新知识也逐渐融了进来。于是，他学得并不如之前那么轻松了，总是会遇到各种各样的问题。而这位妈妈是大学毕业，对于四年级的知识应付得绰绰有余，她也觉得应该认真对待孩子此时的各种提问。所以每当孩子有问题时，她都能快速且准确地给他答案。

一开始她觉得这样很好，孩子的问题得到了解答，她也尽到了母亲的帮助职责。可时间久了，她发现自己错了。因为她已经逐渐变成了孩子的"问题解答库"，孩子只要一有问题，想都不想，张嘴就喊："妈妈，给我解一道题。"

如果都是妈妈给孩子解开了问题，那这到底是孩子在上小学，还是妈妈在重读小学呢？

其实从理论上来讲，这位妈妈真的是一位好妈妈，她能想到孩子会遇到的问题，并且能想到要认真对待孩子所提出来的问题。但是，从现实来说，这位妈妈的做法是有问题的，她错就错在每次都将问题的答案直接且快速地告诉孩子，让孩子误以为解决这些自己不懂的问题的途径，就是询问妈妈，而且每次妈妈都能给出正确答案，这比自己思考后再得出答案要省事且快速得多，所以他形成了依赖习惯。

生活中很多妈妈都曾经化身为"问题解答库"，孩子已经习惯了"有问有答"的做作业模式，他会简单地认为，原来做作业不那么难，不会就能问，问了就有答案，那么他的独立思考能力会越发退化。

所以，当孩子再有作业方面的问题时，我们该换一种应对的方式了，那

就是态度一定要认真,不过不要直接告诉孩子答案,而是鼓励他自己去努力一下。

我们可以试试这样做:

🌿 第一,鼓励孩子再读一读题目。

很多时候孩子感到题目不好做,可能只是因为他题目没有读透。比如,有的孩子做作业会图快,因此会跳着读题,一眼扫过去,看个大概就想要解题。有的题目可能这样应对能应付得过去,但更多的题要想一眼扫过去就能解题,几乎是不可能的。但是只要耐下性子来认真读一读题,只要注意到了题目中的各种小细节,孩子就能找到解题的方向与思路。

所以,当孩子只是看了一遍题目就嚷着自己不会做的时候,我们不妨平静地提醒他"再读一遍题目吧,也许你漏掉了一些小细节"。如果读一遍不行,还可以建议孩子多读几遍,直到他发现突破口为止。

🌿 第二,知道孩子的"难点"都在哪里。

如果孩子读了几遍题目,依然一头雾水,不知道该如何下手,那么我们就要进行下一步引导了,那就是,问问孩子他到底觉得哪里不好做,或者觉得哪里搞不明白,"难点"在哪里。

听着孩子的叙述,我们再结合题目,也许就能找到帮助他解题的一个大概思路,但这时我们也不要直接告诉他怎么做,而是要接着下面的步骤去做。

🌿 第三,适当地给孩子一点小提示。

知道了孩子哪里过不去之后,如果我们知道该怎么做,可以给他一些小提示。需注意的是,一定是"小"提示,不要一句话出去,孩子就彻底明白这道题的答案了。

比如,我们可以说"翻翻公式看看",但一定不要说"书上第×页那个公式就能解开",前者是提示孩子要注意公式,这就需要他自己去翻找适合题目的公式,而后者显然就直接告诉了孩子答案,并不利于他思考能力的培养。

第四,和孩子一起找一找答案。

当然,还会有一些题目是我们也并不那么确定的,那么此时我们也不是完全无计可施了。可不能就这么直接对孩子说"我也不会",否则孩子会因此觉得"连妈妈都不会的题目,我不会也无所谓了,等老师讲好了",这就相当于他把对妈妈的依赖又转移到了老师身上。

所以,此时我们倒不如和孩子一起来找一找答案,和他一起翻翻他当天学的知识,翻翻他的听课笔记,问问他老师上课时都强调了什么,再引导他翻翻以前讲过的内容,和他一起将前后的知识都串联起来,没准儿就能找到解决眼下题目的好方法。

如果书上依然找不到答案,那就一起翻翻其他工具书、资料书,或者上网搜一搜,总之只要我们和孩子合力,就能让他意识到,要解决问题还是要靠自己的努力,求人不如求己,只要肯努力,什么问题都可能解决。

# 不要"一呼即应"，
# 教孩子摆脱"做作业依赖症"

所谓"做作业依赖症"，就是当孩子进入写作业的状态之后，只要一遇到事情就会立刻招呼妈妈，不管是遇到了难题，还是出现了其他方面的一些小问题，他都会毫不犹豫地开口，就好像离不开妈妈一样，似乎只有妈妈帮忙，或者更确切地说，只有妈妈在旁边，他才可能把这一次的作业写完。

孩子为什么会这样？这其实与我们最初的一些做法不无关系。那就是，在孩子最开始写作业时，很多妈妈会采取陪写的措施，以应对孩子注意力不集中的问题，以及及时处理他可能出现的各种问题。

正因为我们"承包"了孩子的种种问题，这才使他逐渐产生依赖心理，遇到难题便喊妈妈，铅笔断了喊妈妈，作业本撕坏了喊妈妈，甚至有可能写错了一个字也会惊叫一声"妈妈"。

可是，很多时候，我们可能并不是真的有那么多的空闲，总能在孩子身边时刻准备迎接他的各种"召唤"，我们也有自己的事情，尤其是孩子写作业的时间可能也是大多数妈妈做饭的时间，因此，孩子的"召唤"会让我们不得不厨房、学习间两边跑，结果饭做不好，孩子写作业也不安心，闹一个两耽误。

所以，为了解决这个让人头疼的现状，我们该收住自己的脚步了，对孩子不要"一呼百应"，给他足够的时间和空间去自己处理一些问题。

🍃 首先，提醒孩子做好做作业前的各种准备。

孩子的一些召唤是很让人哭笑不得的，就像前面提到的那样，铅笔断了、作业本用完了、墨水没有了、橡皮找不到了，等等，如果他总是因为这些要求就张口呼唤的话，不仅我们会觉得麻烦，他写作业的思路也会一再被打断，作业的完成时间就会不断向后拖。

所以，倒不如提醒他在每次做作业之前将所有的准备都做好，比如多准备一些削好的铅笔；橡皮、尺子等需要用到的文具也放在自己伸手就能够到的地方；将桌子上不需要的东西都清理干净，给自己摆放书本、作业本留下足够的空间；如果作业本感觉要用完了，也提前准备一个新的在一旁以备换取；可以倒一杯水放在一旁；等等。

提前做好准备，等到进入写作业的状态时，就应该不再有其他情况发生了。

其次，特别告知孩子"可以做完一部分作业后再呼唤"。

如果一下子就让孩子一声呼唤都不要有，那是不现实的，毕竟他已经对我们产生了依赖心理，一下子拒绝他的所有呼唤，会让他觉得不适应，可能反而更不利于写作业。

所以，可以特别告知孩子，"先好好写作业，写完几道题，或者写完一科作业之后再喊妈妈，有事就攒到那时候再说"。这样的话一定要说清楚，并且还要提醒孩子，他一定要遵守这个约定，因为中间不管他怎么呼唤，妈妈如果确定他没有什么重大的情况，就一定不会理他，因此他要学会自己处理一些小事。

这样的做法就是在让孩子逐渐习惯自己处理事情，一开始这个间隔的时间不用太长，可以让孩子专心做完一道题再呼唤，然后再让他专心做完两道题、三道题、一科作业……如此延续，直到他可以自己独立处理完一次作业。

最后，逐渐减少陪伴的次数与距离，直到能完全离开。

不管怎么说，孩子产生这种依赖心理的根源就是我们对他的陪伴，所以若要彻底除根儿，就要从减少陪伴次数和距离开始。

如果说我们一开始的陪伴是坐在孩子身边，全程陪伴，那么一段时间之后我们可以试试坐得离孩子稍远一些，并且在他快写完的时候就离开；然后再过一段时间,我们可以坐在他房间的门口,当他写到一半的时候再离开;如此再过一段时间,就试试不在他的房间里,而是在他视线以外的地方,可以一开始陪着他,约莫在他进入写作业的状态时,就不再陪伴。就这样一直下来,直到最终,他将彻底不再需要我们的陪伴。

# 怎样应对"橡皮综合征"的孩子

前面提到的"做作业依赖症"是孩子对妈妈的依赖,而"橡皮综合征"则是孩子对橡皮的一种异样依赖。

有一种孩子,在学习中对自己有格外严格的要求,经常会对自己刚写的字或者刚写的题产生各种原因的怀疑,比如,笔画写得不好看,小数点点得太靠上了,有个字写得比别的字小了,等号画得不那么直,等等。这些原因都足以让他立刻拿起橡皮,将刚写好的其实并没有什么太大问题的字或者题擦掉,然后重写。当然,如果重新写出来的依然有问题,这个擦掉重写的动作就会继续重复,如果有可能,还会一直重复下去。

表面看来,这样的孩子似乎有一种严谨的态度,但从深层次来看,不得不说,这样的行为是有问题的。

这种对橡皮过度消耗的行为,让原本可以在很短时间内就写完的作业被一直拖了下去,而且一些题目的思路也被彻底打断,他写作业就变成了拖拖拉拉的行为,显得不果断,也显得很吹毛求疵。从心理学上来说,这样的孩子已经有了一些"强迫症"的症状。

适当地对自己要求严格,让自己更接近完美是没有问题的,可是如果做得太过了的话,就恰恰反映出孩子对自己的不自信,甚至是消极的情绪。

所以,对于这样的孩子,我们也要想办法纠正他的这种过分行为。

一般来说,孩子之所以出现这样的表现,其实与我们对他的严格要求不无关系。有时候,恰恰是我们太过严厉地要求才导致他产生"如果我做不好就会受到妈妈的批评,妈妈就会不喜欢我"的错误认知。

所以,不要给孩子那么严格的要求,要顺其自然,允许他按照自己的意愿去做事,只要他没有半途而废,只要他已经努力过了,那就足够了。

同时,我们自己也要放松一下,因为有些孩子也可能是通过模仿妈妈的表现,才对自己严格要求的。也就是说,我们也不要太过于严格要求自己,不要总是强迫自己达到完美,适当地放松,自己也过得轻松一些,同样也是给孩子减压,给他松绑。

有时我们不给孩子压力,但他有时候也会给自己压力,所以我们还要教育孩子,凡事要尽自己最大的努力,但不要追求完美。

世间几乎是没有完美的,小小的孩子能力不足,要做到完美也几乎是一件不大可能的事情。所以,我们的教育就要有一定的宽松度,而且侧重点也要放对位置。我们应该经常告诉孩子,不管做什么事情,只要他真的做到尽自己最大的努力就足够了,只要没有给自己留遗憾,只要自己不觉得后悔,那么这个结果就是令人满意的。

不过,我们的表达要注意,可不要说"行了,有点问题也没事",而是要说"看到你这么努力,我很高兴"。前一种说法是在放任孩子出问题,显然会让孩子误会,后一种说法鼓励了他的努力,他就会更加专注于自己的努力。

另外,过分关注微不足道小细节的孩子,往往会忽略了整体。就一科作业来说,显然把作业以较好质量完成才是做作业的重点,而不只是其中某个字是不是写得完美无缺。

所以,当孩子觉得自己某个字写得不好看而想要不停地纠正时,我们就要提醒他,作业都写完了吗?让他意识到写好字的同时,也一定要把作业按时完成,细节只有在整体中去体现才有作用,否则只是细节表现得好了,整体却被忘记了,那他就等于是在做无用功。

说到最后,我们还需要再次对孩子解释清楚做作业的真正意义。虽然关于做作业的意义,前面已经不止一次地提到过,但是这里我们还是要再说一次。要告诉孩子,做作业不是为了向老师或者同学展示他的字写得多么好,或者说他的数学符号写得多么标准,这些细节只要他平时注意到就足够了,这并不是写作业的重点。

　　写作业的重点,是为了让他能重温老师上课讲到的知识内容,是为了让他能更好地理解知识,学会知识,并能通过作业做到灵活运用,将知识化为自己的。他只有通过作业学会并掌握了知识,他的作业才发挥了最大的作用。

# 扮演学生角色，让孩子给我们"讲作业"

一直以来，都是我们作为教育者，对孩子开展各种各样的教育。就拿做作业这件事来说，多半家庭中都是身为妈妈的我们在苦口婆心地劝导，又是给孩子讲做作业的意义，又是为他指点迷津、答疑解惑。

虽然我们这样的角色没有选错，我们的表现也算良好，可是显得老套的教育方式，会让孩子觉得无聊、枯燥，觉得耳朵长出了茧子，这就会使教育效果并不如我们预期的那么好。

所以，不如我们也换一种教育方式，当孩子有了新鲜感，也许他对待作业的态度也会变得与以前有所不同。比如，我们不如也试着扮演学生的角色，让孩子来做小老师，给我们也讲一讲他的作业。

有的妈妈对此会有不同的看法："让他顾好自己的学习就够了，怎么还让他扮演老师？我看着他写的那个作业就来气，还让他给我讲？别说他，我自己的心理都转换不过来，说不了几句估计我就得急。更重要的是，这要是让孩子当回老师，他还不立刻觉得自己成了了不起的人物啊！这样的话，他更不虚心了，我觉得这法子不可行。"

这种想法倒是也有几分道理，不过，试一试总归是好的，多尝试一下，没准儿孩子就会有一种新奇的体验，他也会觉得自己受到了重视，这效果可能真的会不错呢！

若是真想要实现理想的效果，我们也需要做好这样一些功课。

第一，选择孩子做完作业的时候通知他来一次这样的"Cosplay"。

在孩子做作业之前，不要立刻告诉他今天由他来扮演老师，否则他会一直沉浸在一种美好幻想之中，如果这样的话，他是不是能很好地完成今天的作业可就成了问题。

所以,当孩子完成作业后,他可能会呼唤妈妈来帮他进行作业检查,那么此时我们就不妨这样说:"今天我们来换一种方式吧,你来扮演老师,妈妈做个小学生,你给妈妈讲讲你的作业,怎么样?"对于新鲜事物,绝大多数的孩子会更乐于去尝试,在这时候说出来,他可能就会跃跃欲试。

不过,我们也要注意自己孩子的性格,如果他本来就害羞,对这个活动并不感兴趣,就不要逼他,可以继续延续以前的检查作业方式,选择其他合适的时机再试试。

🍃 第二,要对孩子使用礼貌用语。

因为是角色扮演,所以我们最好遵从角色本身的特点,学生要对老师有最起码的尊敬,而我们此时的角色是"学生",对孩子这个"小老师"就要有足够的尊重。尤其是在开口说话时,一定要有礼貌。

比如,有个地方孩子讲得不是那么明白,我们可不要直接就说"没听清!说慢点",这就是一种典型的命令,完全不是学生的做派。我们应该说"老师,刚才那个地方我不是很明白,能再说一遍吗?"

也就是说,我们的角色扮演越逼真,孩子越能深入到自己的角色中去,他也许会对自己的作业讲解得更详细。而从另一个角度来说,他也就能发现自己的问题了。

🍃 第三,最好引导孩子把作业讲出来。

孩子毕竟还是小学生,让他讲作业只是一种变相检查的形式,他的能力并不足以让他能很轻松自如且清晰地将作业讲出来。所以,我们也要在不断的提问中加以引导。

比如,孩子讲作业可能会很笼统,那么我们就要不断地提出各种细节问题,让他一点点详细讲解;对于他出错的地方,我们也要有礼貌地问一句,引导他自己发现错误,并想出解决的办法。

# 给孩子讲完作业，
# 用"鹦鹉学舌法"检验一下

如果孩子对某些作业觉得不理解，或者因为知识没有学透彻而不明白，他可能就会向我们求助。我们自然是愿意给他答疑解惑的，而在给他讲解完之后，很多妈妈会习惯性地问一句："懂了吗?"相信很多孩子都会一边点着头一边说："懂了。"

而听到孩子的回应之后，有相当一部分妈妈就会很放心地离开了，她们认为孩子既然说"懂了"，那就是真懂了，不然他应该会继续问的。

可是这种判断并不一定准确，因为孩子"懂"的程度各有不同，有的孩子是真的完全明白了妈妈所说的意思，也能对知识融会贯通，就算换了题目的形式，他也能知道该怎么做;但有的孩子却可能只是明白了一部分，或者明白了个大概，大致的意思他能了解，可如果问一些细节的话，他也许还是一头雾水，可他也一样会说自己懂了;还有的孩子则只是知道妈妈在说什么，但可能并没有真的完全明白，也许只是知道了皮毛，但是他也会说自己懂了，而其目的可能只是为了早点结束作业，以便有更好的时间去玩。

如果是第一种孩子，我们还可以放心，可如果是后两种孩子，我们岂不是错过了继续进行深入讲解的机会? 如果日后孩子因为同样的知识点再出现问题，我们岂不是又要再重复一遍? 那样可就是费时又费力了。

所以，为了避免这样的情况发生，我们可以采用一种有效的方式来检验孩子是不是真的懂了，如果他没懂，那么我们就可以当场再多讲讲，从而在当下就帮孩子把知识的漏洞补上。

这个方法就是让孩子"鹦鹉学舌"，当我们给他讲完作业中的难点、疑点之后，再让他把我们讲过的东西重复一遍，尤其是一些细节的地方，如果他能毫无障碍地将我们讲过的内容重复出来,那就意味着他懂了。

我们可以这样来做:

🍃 首先,整理好自己的语言逻辑,把疑点、难点尽量讲清楚。

若要让孩子复述清晰,那么我们这个讲解的源头首先就要条理清晰、道理明确。所以,我们要整理好自己的语言逻辑,先说什么后说什么,什么要重点说,什么可以一带而过,其中有哪些是需要特别注意的细节,有哪些地方可以灵活处理,等等,都要给孩子讲清楚。

这个过程中,最好鼓励孩子多提问,以帮助他解答更多的问题,为后面的复述提供方便。而我们也要将所有可能与这个知识点有关联的东西都想到,这样讲解的时候就不会留有漏洞,孩子也会从中听出各种知识的关联性,这也有助于他复习和理解之前学过的知识。

🍃 其次,让孩子将刚才我们讲过的东西复述出来。

当我们讲解完之后,可以有这样一段对话。

问孩子:"刚才作业中的问题,你理解了吗?"

如果孩子回答:"是的,我理解了。"

我们接着就可以说:"那好吧,能给我讲一下吗? 妈妈想看看你是不是真的理解了。"

接着,就可以让孩子继续说下去了。这里有一点需要我们特别注意的,那就是最好引导孩子使用他自己的语言来复述我们刚才讲过的东西。因为复述并不是录音,不要让孩子把我们刚才说过的话一字不差地讲出来,而是要让他利用自己的语言,用自己的理解,把我们刚才讲过的内容主体讲述出来,这样才能代表他是真的理解了我们所讲的内容。

🍃 最后,对于孩子不甚理解的地方,我们要进行双方检查。

有时候,孩子讲到一半可能会出现卡壳的情况,有的是不知道该怎么表达,有的可能就是并没有彻底理解那个问题。

对于孩子不那么理解的地方,我们一定要进行双方的检查,也就是说不能因为孩子卡壳了就认为是他没有听明白,或者觉得他还是不会。我们首先要检查的是自己,看看对这个问题我们是不是真的讲清楚了,有没有模棱两可或者跑题甚至是讲错的情况存在,如果是我们的问题就要赶紧纠正过来。

当然,如果是孩子没有理解,那也不能抱怨他,我们可以换一种说法,用更为通俗易懂的讲述方式,或者使用周边能用到的孩子可以理解的模型来给他讲解。

# 在家给孩子做出伏案学习的榜样来

1976 年,物理学家丁肇中获得了当年的诺贝尔物理学奖,在发表获奖感言时,他这样说道:"我的成才要感谢我的父母,他们是我的启蒙老师。"

原来,丁肇中的父亲是一位老师,曾经带着妻子和丁肇中在很多地方教过书。而从丁肇中记事时起,他就总能看到父亲在晚上的时候,趴在灯下看书、批改作业,父亲这种兢兢业业工作的态度,以及勤恳学习的精神,都深深地影响了丁肇中,他将父亲当成自己刻苦钻研、勇攀高峰的好榜样。

父母的伏案学习,会在家中制造出一种很自然的学习氛围,孩子身处其中,又怎能不深受感染呢?

有的妈妈会这样回应:"我每天工作好忙,每天都不厌其烦地催促孩子学习,我觉得这样已经可以了。我工作后回到家,是希望能好好地休息一下,如果再学习,怕会吃不消啊!"

想象一下,当我们懒懒地歪在沙发上,一边看着电视,还要一边很严肃地催促在电视旁边偷眼儿的孩子,让他好好看书时,他会听我们的吗? 显然,这没有丝毫说服力。

而且,我们这种自己轻松却紧盯着孩子的表现,会让他的内心产生一种不公平感,时间久了,他就会越发讨厌学习,讨厌做作业。

所以,为了让孩子养成良好的学习习惯,我们也该成为一个学习型的妈妈。

其实,前面那位妈妈提到的那一点,也是有一定道理的,从情感上来说,劳累了一天,自然愿意好好休息一下。所以,如果要求每天都能和孩子一起那么紧张而认真地学习,对有些妈妈来说的确是有些苛刻了。

那么,我们就不妨来确定一些合适的家庭学习时间,一周来上那么一两次,每次一个小时左右就已经足够了。可以和孩子一起商量着确定合适的时间,不过最好不要选择周末,因为周末孩子也想要休息,或者好好玩一玩,所以就不要打击他的乐趣了。

确定好全家的学习时间之后,接下来就要确定学习的空间与内容了。有的妈妈可能会认为只要做做样子就行了,于是她就会随便拿本杂志坐到孩子身旁,一边看杂志一边看着孩子学习。

这样可不行!既然是学习,就要有学习的样子,如果家里的书桌被孩子占领了,那么我们就要选择其他合适的位置,比如收拾干净的饭桌,比较干净平整的茶几,或者如果书桌够大,也可以和孩子一人一边共用一个书桌。不一定非要和孩子在同一个屋子里,但是一定要让他意识到,现在是学习时间,妈妈也同样在学习。

而学习的内容,也要尽量正式一些,可以是孩子的课本,我们通过再学习,也可以了解现在学校里所教授的知识内容都有哪些;也可以是其他一些我们自己想要学习的内容,比如外语,比如其他方面的技术,等等。

在学习的时候,我们最好也准备好纸笔或者笔记本之类的东西,一边看书,一边做笔记,或者做练习,这才算是学习的基本状态。

当孩子看见我们这样的状态时,他自然也不会自顾自地玩耍了,仅仅是那个安静学习的气氛也足够让他进入学习的状态了。

不过,还是有妈妈会将和孩子一起学习这件事,当成是一种变相的监督。这种说法有一定的道理,所以这就要求我们不能那么明显地在一旁看着孩子学习。

我们其实主要专注于自己的学习就足够了,孩子自然会受到这种学习气氛的感染。相反,如果我们看一会儿自己的书就抬眼看看孩子,他也会觉得这不过是妈妈的另一种监督办法罢了,他也就没法感受到我们特意创造出来的学习气氛。

总之,只要我们以身作则,孩子自然就不会辜负我们。

# 第六章

## 孩子粗心马虎怎么办
### ——各种表现及应对的方法

孩子写作业有个最不能忽视的问题，那就是粗心马虎。大部分孩子都会存在这个问题，作业本中总是会因为粗心马虎而出现少写、错写的情况。如果作业中的粗心马虎不能杜绝，那么孩子就会养成粗心马虎的坏习惯，我们则应该想办法让他远离这个坏习惯。

# 粗心马虎，害处多多

所谓粗心，就是指人不谨慎、不细心，比较容易疏忽一些问题，不那么仔细；而马虎，多用来形容办事草率、粗心大意。不管是粗心，还是马虎，在孩子写作业的过程中都会出现。

一位妈妈就诉苦说："我儿子简直就是小马虎托生，平时写作业看他总是写那么快，我一直以为他能做到又快又好地完成作业，可实际上在他的作业本里，总是会有许多老师批改的红叉叉，不是少写一个字，就是少算一道题，要不就是字的笔画少一画，小数点忘记点了，再不就是'÷'看成'＋'，'太'字看成'大'字。要说这作业中的错还好说一些，毕竟只是作业，错了可以改，有时写错了我也可以提醒他。可重点是，他的粗心马虎已经成了坏习惯，一到考试就犯毛病，本来都会做的题，因为粗心马虎就是得不了分。上次考试，他连自己的名字中的一个字，都写得少了一个笔画，老师因此批评了他，开家长会的时候我也受了批评。唉，真是太头疼了！"

孩子的粗心马虎，的确会让我们不知道该说什么好，看到这位妈妈所说的情景，我们是不是也有些感同身受呢？

有的孩子对此感到颇为不在意，认为不过就是个粗心马虎而已，只要妈妈一教训他，他就毫不在意地摆着手说："我知道了，下次认真不就行了！"可是，他忘记了自己已经养成的粗心马虎的习惯并不是那么容易就能改正的，结果下次他依然会受到粗心马虎的困扰。

而这粗心马虎给孩子带来的后果却很严重。

比如，像前面那位妈妈所提到的，因为作业已经形成了粗心马虎的习惯，结果考试的时候这个坏习惯就会毫不留情地发挥"重要作用"，使得本来能得分的题反倒失了分，让自己的考试成绩不那么理想。

而且,粗心马虎的习惯,不仅会体现在学习中,还会延伸到他的生活中,导致他丢三落四,出门会忘带东西,或者拿错了东西,更严重的,包括忘记关煤气,没有拉电闸,漏关水龙头,等等,也会给家中带来各种各样的损失。

再有就是,粗心马虎的习惯如果不加以改正,将来也会影响到孩子的工作和其他的事情,特别是在一些需要严谨对待的工作之中,比如,如果孩子做了司机,倘若他对待时间粗心马虎,记错了发车时间,可能就会导致运输延误,假如他不注意车辆调度,就有可能与其他车发生相撞,引发重大事故;如果孩子是医生,粗心马虎更会导致他制造各种医疗事故,严重的就会危及他人的生命;如果孩子是文字编辑,一个字写错或者漏写,都有可能让这一句话的意思完全改变,而读到这句话的人就会产生错误的认知,一个错误的知识点可能也会因此而被传播出去,从而危害更多人的大脑……

由此可见,粗心马虎虽然是个看似不大的小毛病,但是一旦成为孩子的固有习惯,就会对他的人生产生难以应对的危害。孩子在作业上的粗心马虎,就好比是小小蝴蝶轻微地扇动了一下翅膀,而接下来孩子因为粗心马虎而带来的一系列连锁效应,则是翅膀扇动时所引起的风带来的种种一环扣一环的扩大影响。

所以,如果我们现在对孩子的粗心马虎问题感到头疼,那就要赶紧想办法帮他解决,不要以"他还小,以后会改"这样的认知而放任自流,不要等到孩子饱受粗心马虎的"迫害"才感到为时晚矣,越早帮孩子清除这个坏习惯,他才能越早受益。

# 孩子粗心,有其生理方面的原因

我们总是说孩子粗心,总是抱怨他的马虎,很多妈妈觉得这是孩子不细心的一种表现,只要多加看管,多加提醒,他就应该能有所改观。

可事实却是,很多孩子在这方面似乎很是"冥顽不灵",不管妈妈怎么说,多么严格地要求,他的粗心马虎的表现依然存在。而且随着年龄的增长,很多孩子粗心马虎的表现反而愈演愈烈,值得我们操心的问题反而更多了。

其实,孩子的粗心马虎,也不全是他的学习态度问题,与他的生理发育也是有一定关联的。要应对孩子的粗心,我们也要先了解他的生理发育情况。

从生理学的资料来看,人在生长发育过程中,大脑的质量也会发生变化,也就是年龄越大,脑的质量越大,等到 12 岁时,孩子的大脑质量就几乎相当于成年人的脑质量了。而在这个过程中,脑神经细胞也会不断增大,脑神经纤维会同时增长,大脑额叶也会增大,这一系列的变化,就是在促进孩子高级神经活动的发展。

从这些科学的资料我们就可以看出来,孩子成长过程中,他的大脑其实也是在不断成长的,也就是说,孩子的大脑并没有完全成熟,所以大脑所支配的各种能力,包括观察力、注意力、记忆力、想象力、思维能力等也就不那么完善,能力的发展也并不那么稳定。而不管是哪个方面不稳定,都会导致粗心马虎的现象出现。很显然,这种现象的出现并不是人为可以控制得了的。

既然如此,我们就不要太过着急了,可以对此现象多加注意,但一定不要对孩子有太过严格的要求,尤其是不要因为他的粗心马虎就予以严厉的谴责,否则孩子会因为自己的不完美而导致出现心理问题,结果反倒影响了他正常的生长发育。

说到生理方面的原因,我们还会立刻想到一个问题,那就是性别差异。关于这一点,我们可能都会很熟悉这样的一种聊天模式,就像下面这几位妈妈的聊天一样。

甲妈妈说:"我家那小子,简直就是个马大哈,整天丢三落四,尤其是做作业的时候,我都不忍心看他的作业本,全是粗心带来的错。"

乙妈妈则说:"嗨,男孩子嘛,小时候粗心一点也没什么,本来他就调皮,以后没准儿就好了,你也别担心。"

丁妈妈在一旁搭话,对乙妈妈说道:"你家是小姑娘,可体会不到我们这些家里有儿子的家长的感受啊!小姑娘多好,一个一个都细心,干什么都仔细。我儿子粗心马虎得让人难受。"

从这样的一番对话中,我们不难看出来,似乎绝大多数的妈妈都会有这样的认知,那就是:性别似乎决定了孩子的粗心马虎程度,好像男孩们注定都很粗心,而女孩们也肯定都是细心的。

而正是因为这样的认知,我们对孩子的培养也会出现各种极端,有的认为男孩的大大咧咧是天生的,所以干脆就放弃了细心培养,或者认为女孩本来就细致,所以也就不那么在意对她的悉心培养;而有的则是恰好相反,既然男孩天生都粗心,那就应该加大力度培养,要时刻盯紧他,不能让他粗心大意,而如果女孩细心是她所必备的,就要下更大功夫培养。

其实我们完全没必要针对孩子的性别而改变在他粗心马虎方面的培养方式或者内容,而是要对所有的孩子都一视同仁,根据孩子自己的特点采取合理的措施。

另外,关于生理方面的问题,我们还要注意气质类型的问题,不同的气质也会导致孩子的粗心程度有所不同。

人的气质可以分为胆汁质、多血质、黏液质、抑郁质四种类型。胆汁质型的人精力旺盛,思维灵活却脾气暴躁;多血质型的人活泼好动,虽然反应迅速却不容易集中注意力;黏液质型的人比较稳重,很善于忍耐,有良好的注意力;抑郁质型的人则很敏感,拥有细致的观察力,只不过有些优柔寡断。

如此来看,胆汁质和多血质型的孩子很容易犯粗心马虎的毛病,而黏液质和抑郁质型的孩子则要稍微好一些。这其实就意味着,有些孩子可能天生就爱犯粗心马虎的毛病,而有些孩子则可能比较容易控制自己。

所以,我们要尊重孩子的天性,别强迫他去改变自己,可以根据孩子的气质类型进行合理引导,这样才不会让孩子的个性发生扭曲。

# 表面是粗心马虎,实际是不会

当孩子做作业出了很多问题时,或者当他考试时丢了过多分数时,妈妈一问情况,孩子可能多半会说:"哎呀,就是粗心了。"

很多妈妈在听到"粗心"这两个字时,内心可能都会松一口气,因为粗心意味着孩子不是不会,而是不够仔细认真,这种情况似乎要更好应对一些。而孩子似乎也会觉得,"粗心"是一个很好用的解释考不好的借口,只要说出粗心来,妈妈多半也就不会大发雷霆,而是只能叮嘱几句"下次认真",这一次的小风波就可以算是风平浪静了。

表面看上去皆大欢喜,可实际上呢?孩子是真的因为马虎而出了问题吗?如果我们没有从根源上去分析,没有多加注意,可能就会被孩子简单的一句"马虎"糊弄过去,彻底忽略了他真正的问题。

事实上,很多孩子的马虎都只是一种表面现象,尽管那些题很简单,看上去似乎是只有马虎才能解释的错误,可孩子的内在真实情况却是,他对知识理解压根儿就不透彻,也就是他可能根本就不会,因此只能凭借主观猜测或者推断来得出答案。

所以,当孩子再回答"我是因为粗心马虎才出错的"时,我们可不要那么容易就松一口气了,最好还是多了解一下。只有了解了详情,我们才能真正做到对症下药。

💐 首先,了解孩子的真实情况。

要了解孩子是真马虎还是真不会,我们可以采取这样几个办法来进行检验:

第一,让孩子把做错的题再做一遍。如果孩子真的是因为马虎而错,那么这一次他已经知道哪里出问题了,一定能够很轻松地做对,而且很清楚自己应该改哪里。相反,如果孩子是真的不会,那么他就一定还会做错。

第二,换个角度考查同一个问题。有的孩子对知识的理解比较死板,可能只会做和教科书上的题型一样的题,只要换一种问法他就不明白了。所以也可以将孩子已经做对的某些题来换一种问法试试,看看他是不是真的掌握了所有知识。

第三,找找孩子以前做过的同样类型的题,看看是不是也都出过问题。如果以前也曾经犯过同样的错误,那就意味着孩子在这个类型的知识点上并没有学好学透。

🍃 其次,及时帮孩子弥补知识上的漏洞。

在了解了孩子的问题之后,我们就要及时帮他弥补这些漏洞。一定要及时,不能说攒着好多漏洞最后一起补,否则孩子一来无法接受,二来可能会将这些知识点记忆混淆,反而更不利于掌握知识。

所以,一旦发现孩子有了知识漏洞,尤其是他还以粗心马虎为借口的时候,就要立刻帮他弥补。此时应该去寻找漏洞的源头,看看孩子从哪里开始就已经不那么明白了,然后结合最基础的知识,一点点帮他理解后面的知识。如果我们自己做不到更好的讲解,可以向专业的老师求助,直到孩子彻底弄懂知识点为止。

🍃 最后,别因为孩子拿"粗心"当借口而批评他。

对于孩子本来不会做一些题却用"粗心马虎"当借口的行为,有的妈妈会觉得他是在撒谎,并因此而训斥他。但实际上孩子并不一定是在撒谎,因为他可能的确不是不会,只是对知识的运用死板了一些,或者只是对知识掌握了两三分,他知道题目应该向哪个方向去思考,但可能就是思考得不全面。

因此我们应该把更多的注意力放在帮助孩子弥补知识漏洞上,而不要总在他找借口这件事上去做太多文章,尤其是不要盲目批评。其实孩子不能自如地运用知识,对他也已经是一种小小的打击了,我们应该帮他摆脱这种无法控制自己知识的局面,让他能自信地应对作业和考试,只有这样才能彻底避免他用粗心马虎当作每次做错的借口。

# 孩子粗心是因为我们给了他不良的暗示

看到孩子作业上的各种小毛病——写错字、点错标点、抄错符号，我们会开口抱怨孩子："你看你怎么总是这么粗心呢？"

和外人聊天，说起自己孩子的学习情况，我们会无奈地摆摆手说："唉，他呀，就是一个粗心的孩子。"

针对孩子的学习问题，和家里人闲谈，我们也可能会有些烦恼地吐槽道："孩子总这么粗心，我们该怎么办呢？"

……

看似都是关心的话语，看似都是在为了孩子而焦急，看似都是我们在很清楚地点明孩子的问题，可是这样的一些对话，孩子听来会有什么感觉呢？

也许一开始，孩子会因为妈妈的话而感到愧疚，会自己想："唉，我怎么能这么粗心？总让妈妈担心。"可当他发现妈妈经常训斥他"粗心"的时候，他的想法就会发生改变，他会认为："哦，原来我就是一个粗心的孩子啊！"

一旦孩子有了这样的"自我判断"，那么他就会很自然地将自己的种种不能令人满意的行为表现都归结成"我很粗心"。粗心似乎成了他的一个挡箭牌，用来抵挡所有的询问。可孩子真的粗心吗？不一定！

孩子出问题的原因多种多样，绝对不是一个"粗心"就能统称的。如果我们总是以粗心来提醒孩子，他注意到的也就只是粗心这一点，从而彻底忽略其他更深层次的原因，那么他的问题也就没法顺利解决，到头来他依然会是问题多多。

而且，因为我们擅自给孩子安上了一个"粗心"的标签，那么他就会觉得"反正我也粗心，做什么都做不好，无所谓了，妈妈每次也都只是抱怨粗心，抱怨几句也就算了"。如此一来，孩子就更加懒得理会自己的本质错误了。

同时,他也会觉得,妈妈对他并不是那么期待,作为一个"粗心的孩子",做不好也没办法。这样的消极想法可能还会让孩子逐渐丧失努力改变自我的意愿,变得越发没有上进心。

这当然不是一个好的发展方向,所以,不要在多种场合下暗示孩子是粗心的,我们首先要意识到,粗心只是孩子可能会犯的众多错误中的一种。当孩子说"我就是粗心才犯了错"时,我们要有自己的判断,不要孩子说什么就是什么。

此时,可以找来孩子的作业或者试卷看一看,或者根据上一篇内容提到的检验孩子是否粗心的那些办法来试一试。当然也可以和孩子聊一聊,从粗心开始说起,然后逐步发现他真正的问题所在。

对于他粗心的表现,就用应对粗心的办法,比如,引导孩子多思考,教他学会反复检查,提醒他注意自己经常犯错的地方,以减少粗心情况的再发生。

而如果孩子是因为其他原因出了问题,那就让他多翻书、多提问。平时也要多练习,除了老师课堂上留的那些作业,也可以给他找一些相关类型的题目,让他熟悉这些知识的运用。

另外,还有一点是需要我们格外注意的,那就是别给孩子太严格的要求。孩子之所以会在每次出问题时都忍不住用马虎粗心来当借口,其实也是一种应付心理。因为我们期望过高,一看到孩子有问题就训斥,孩子也会发现,说粗心马虎时,不会受到更多的批评,所以他也会寻找让他受到最小伤害的方式来逃避。

我们可以告诉孩子:"即便作业上有那么多错,也并不代表你是不好的。恰恰相反,作业上出了错是一件好事,因为这提早提醒了你,让你意识到你有这么多问题存在,当你都能改正后,以后的考试你也就不会再出问题了。所以不要害怕,也没必要烦恼,妈妈只是担心着急,妈妈更希望你能学会知识。"如此一来,孩子也许就会放下思想包袱,从而为了解决自己真正遇到的困难而去努力。

# 孩子心急，没有看完题目的要求

一位妈妈觉得自己很是不能理解 10 岁女儿的表现，因为女儿总是急匆匆的样子，尤其是每次写作业的时候。一到写作业，女儿都会快速地翻书，快速地看一遍题目，接着提笔就写。作业倒是写得很快，但每次妈妈检查时都会发现问题，不是少写一道题，就是把题目的要求看反了，要不就是干脆没有理解题意。

当妈妈拿着作业问女儿时，女儿就吐着舌头说："呀，没看见那个。"要不就是回答："哎呀，我没看清，原来不是那个意思啊！"

妈妈无比头疼，她无数次地对女儿说："别着急。"可女儿却摆摆手："我不是着急，就是粗心嘛，没事没事。"

面对这样的情况，如果是我们自己的孩子，我们也一定会着急。不过想想看，有一些孩子的确也是急性子，题目都没看完，只看见了前半部分，或者只是大概一眼瞟过去，了解了题目的大致意思，然后就凭着自我感觉去答题。这样做题，和蒙题猜题也没什么区别，也难怪会出现粗心的情况。

所以，对于这种情况，我们不能只是简单地提醒孩子"一定要细心"就完了，关键还是要让他提升一定的注意力，让他不再那么心急，至少也要把题目要求看完全。

那么我们该怎么做呢？

🍃 第一，用合理的方法提醒孩子慢下来。

一看到孩子急匆匆地做作业，有的妈妈就会直接吼"慢点"。虽然在某些时候，这样的吼叫可能会管点用，可大部分时候，这样的吼叫却可能会让孩子不知道我们到底想要他怎样慢下来。

尤其是对小学生，如果我们不把要求说清楚，那么他可能就完全不知道要怎么做。所以,即便是提醒孩子慢下来,我们也应该讲求方法。

比如,可以对孩子说"慢慢读,一行一行地读,不要着急",这就是在告诉孩子他应该怎么做,他可能就会按照我们所说的慢下来。

🍂 **第二,可以让孩子多看两遍题目。**

有时候,孩子只是扫一眼作业题,就开始提笔做题。我们此时就要提醒他,"再多看两遍",这是让孩子的大脑对这些文字信息多一些记忆,而且也能及时补上看漏的地方。

有的孩子可能会觉得这样很麻烦,这时我们没必要很着急地给他解释"多看两遍"的意义,可以允许他按照自己的节奏继续写作业,等到他做完作业之后,再给他来个检查。问问他,题目的要求是什么? 要让他把要求都说全,且要说准确。然后再问问他,他的答案都写了什么,如果他写错了,或者漏写了,就可以借机告诉他:多看两遍就能避免出现这样的问题。

孩子其实都愿意好好表现,所以只要我们不跟他着急,他都能接受我们的这个建议。

🍂 **第三,陪孩子做一些视觉能力的训练。**

其实孩子看得着急、看不完全的情况,也不全是他自己不在意,与他视觉能力正处在发展期也有关系。所以,我们也可以从视觉能力训练方面对孩子加强培养。

比如,和孩子进行"找不同"的练习,将那些字形相近的字或者看上去相像的数字放在一起,让孩子进行区分;或者和孩子玩"图片找不同"的游戏。这样的练习会让孩子对那些易混的字或者数字有极强的敏感性,即便看得快,应该也能区分得出来。

还比如,和孩子进行描述性练习,给他一张图,让他将图上所有的东西都找出来,不能有遗漏。这也是培养他细心的一种方法,也会让他的注意力更为集中。

🍂 **第四,最好不要让孩子"边看边读"。**

有的妈妈为了让孩子做作业时不丢三落四,可能会让他读出声来。这其实并不是个好办法,孩子在家里写作业时,即便读出声来也不会影响他人,但其他时候,比如考试的时候是一定不会让他读出声来的。

我们应该训练孩子默读的能力,让他即便不出声也能把该读的文字一字不落地读下来。所以孩子要掌握的是思维随着眼睛动的能力,一边看一边思考,并保证将所有文字都看全,这才是我们要重点培养的。

# 注意力分散、一心二用导致粗心

孩子表现得粗心大意,其中还有一个原因,就是他的注意力不够集中,总是一心二用,结果导致无法集中精力做作业。而正在上小学的孩子,则最容易出现这种注意力分散的情况。

这是因为小学生本来就处在爱玩的阶段,如果他面前摆着好玩的东西和枯燥的学习,多数孩子都会乐意选择好玩的东西。而导致他出现这种情况的原因又有以下几点:

第一,小学生意志力不够坚强,而且又刚好处在从无意识地注意某些事物向有意识地注意某些事物过渡的过程中,所以这个时候的他会经常出现摇摆不定的情况,稍微有一个比学习好玩的事物出现,他的注意力立刻就转移了。

第二,小学时的学习内容全都是基础的,是需要孩子经过反复练习才能记住的,所以在喜欢新鲜事物的孩子看来,这些内容就显得相当枯燥。孩子对于枯燥的事物向来没有好感,但是他却不能不学习,在这样的矛盾心理下,他的注意力往往不集中。

第三,小学生的注意力可保持的时间非常短,如果超过了一定的时间,他自然也就不再只注意眼前的东西了,一定会寻找新的可注意的点。

第四,孩子暂时做不到"兼顾",也不能很快地将注意力从一件事上立刻转移到另一件事情上,所以他不能很好地合理分配自己的注意力。

有了这些原因,孩子做作业出现这种一心二用的情况也就可以解释了。同时,我们也就可以从这些原因出发,去寻找解决孩子注意力分散这个问题的办法。

🍃　首先,让孩子拥有一种良好的生理状态。

孩子的生理状态会直接影响他的注意力,比如,生病了、受伤了、太疲劳、太困倦、太热、太冷……不管是哪一条,都会给孩子的身体带来不舒服的感觉。哪怕是一丁点的不舒服,都会使孩子的注意力分散,他会时刻觉得不舒服,自然也就没法专心学习了。

所以,我们要了解孩子的身体情况,平时提醒他多锻炼身体,多注意自己的人身安全,当他真的出了什么情况,我们也要及时快速地应对,以保证他拥有一种良好的生理状态。

🍃　其次,保证孩子有合理的时间与精力分配。

有的孩子在做作业之前,可能脑子里就已经有别的事儿了,比如,学校里的活动、老师布置的任务,或者爸爸妈妈曾经吩咐过的事情。我们不能说孩子想着这些事是错误的,毕竟这也是他生活中的一部分,他不能只做作业,把学习以外的事情同样搞好才行。

所以,我们可以帮助孩子对他的时间与精力进行一个合理的分配。

可以先帮他分析一下他头脑中的那些事是不是很重要、很紧急,还是说可以暂缓的,不一定非要今天去做。确定好之后,再提醒他做事要注意轻重缓急,也要注意由简到难。

然后,再帮着孩子好好列一个时间表,将精力按照事情的难易程度分开,但也要提醒他不管做什么都要专心。

🍃　最后,剔除各种可能的干扰因素。

孩子学习的环境也是会影响他注意力的一大重要因素,所以我们要尽量保证孩子学习环境的整洁舒适。

除了前面曾经提到过的,不在孩子学习的空间范围内摆放玩具或其他东西,以及不给他制造过多噪声,我们也要注意他写作业这个环境的舒适程度。比如,不能太冷,不能太热,光线要适中,不能有异味,清除掉各种小飞虫,等等。如果发现出了问题,要赶紧解决。

# 偶然的情绪干扰导致粗心马虎

有的孩子粗心马虎已经成了习惯,但有的孩子却并不一定是粗心马虎成性,他可能只是在某一阶段表现得非常粗心,不仅丢三落四,还经常会有让人哭笑不得的错误出现。这样的孩子,多半都是因为偶然的情绪干扰了他,所以他才会因为心不在焉而导致粗心马虎。

小学生时期的孩子是情绪表达很鲜明的一个群体,不管是悲伤、生气,还是高兴、狂喜,他的情绪都会表现得非常明显。但显然,悲伤、生气是负面的情绪,如果他只关注这些负面的东西,反倒没法注意学习这件事,或者说他根本就没法投入到学习中去。

但是如果孩子心情很好就可以好好学习了吗?也不能这样说。如果孩子因为某件事陷入了狂喜之中,他也会因此而分心。比如,如果我们在他写作业之前告诉他,明天周末我们带他去游乐园,那么相信他一定不会安心继续写作业的,他的脑子里会被"明天就去游乐园"这几个字占满,同时他强大的想象力也会促使他展开想象,虽然人坐在书桌前,但心早就飞向游乐园了。

面对孩子多变的情绪,我们不能抱怨他太不能控制自我,这其实是因为孩子的情绪还处于成长发育的时期,任何一件小事都有可能让他的情绪产生波动。

因为情绪变化所导致的粗心马虎行为,其实只是一种偶然现象,我们只要能帮孩子控制好情绪,也许就能帮他消除情绪对学习的影响。而对情绪的控制,我们应该从两方面来入手,一方面是帮孩子消除不良情绪,另一方面则是要帮他控制过喜的情绪。

对于孩子的不良情绪,我们可以这样来做:

🍃 首先,允许孩子宣泄情绪。

孩子无法像成年人一样,可以自如地调整或者排解情绪,不高兴时,他的全部注意力就都会被不良情绪所占据。所以,对于还是小学生的孩子来说,倒不如允许他用哭闹来宣泄一下,让他把委屈、愤怒等情绪都宣泄出来。不过要注意的是,要保证孩子的安全,不要让他因为宣泄情绪而伤到自己,当然也要提防他为了宣泄而破坏他物或者伤害他人。

🍃 其次,帮孩子理解他的情绪。

虽然宣泄可以让孩子将不良情绪释放出来,可是随着孩子一天天长大,他不可能总是用宣泄来应对这些情绪,所以我们应该教他学会理解自己的情绪,让他意识到这些情绪并不是不可应对的。

比如,一位妈妈就是这样告诉孩子的:"情绪每个人都会有,这是人之常情,妈妈也同样会有。当然,你的一些情绪妈妈可能帮不上忙,但这并不意味着你就可以放着情绪不管了。有些事其实并没有你想象的那么严重,所以不要总陷在情绪里拔不出来,要学会看开。当然了,如果你觉得实在不舒服,可以和妈妈来说一说,妈妈会尽量帮助你。"

🍃 最后,教孩子学会分清情绪与学习的轻重。

当情绪来临时,有的孩子会只顾着表达情绪,而彻底忘了自己应该做什么,比如他可能会将作业完全丢在一旁。所以,我们要教孩子学会注意孰轻孰重,学习才是他应该记住的事情,不要因为情绪而耽误了学习。

要提醒孩子,情绪来了就先发泄情绪,但发泄过后就不要总想着它了,而是应该迅速转移注意力到学习上。要知道,学习也是忘记那些不愉快的一种很棒的方法。

对于孩子过分喜悦的情绪,可以这样来做:

第一,选择合适的时机来向孩子宣布喜悦的信息。

孩子的心里往往都不藏事,所以我们要选择合适的时机来向孩子宣布喜悦的消息。比如,可以等到孩子把作业都写完了,休息的时候,告诉他将要发生的好消息。也就是说,要避开他即将做事的时机,选择他不忙的时候通知他。

第二,提醒孩子同样要将情绪与学习分开。

不仅是负面情绪会导致孩子注意力分散,喜悦的情绪同样如此,孩子陷入过分高兴的情绪中时,头脑中就会只想着玩,作业就会被他丢到脑后。所以,要格外提醒孩子,"学习为先,如果总是分神,那个喜悦的消息就将不会到来"。虽然看似是一种吓唬,但多少也可以限制孩子的情绪无限外泄,尤其是还可以将已定的计划当成一种惩罚措施,如果孩子的作业完成得不好,延后甚至取消,都能对他施以惩戒,以让他记住不能让情绪影响学习。

# 急躁的性格导致粗心

　　急躁可以说是最容易导致孩子出现粗心马虎的一种性格了,这样的孩子写起作业或者答起试卷来的速度都会非常快,而他自己也经常感觉良好,可真等结果出来,作业上错误连连,考试成绩则并不那么理想。

　　看到这些不理想的结果,孩子自己也会觉得很苦恼。有的妈妈认为,孩子的马虎导致他的急躁,其实恰恰相反,急躁可能才是导致孩子出现粗心马虎表现的根源。

　　有的妈妈觉得,这就是孩子的急脾气,是他天生的表现,估计也没什么好的解决办法。其实不然,如果仔细观察一下,孩子也并不是时刻都那么急躁,他只是在一些特定的情况下才表现出急躁来。而且,如果再向根源去发掘一下,孩子之所以会形成如此急躁的性格,除了遗传所导致之外,他的生活环境、我们的教育方式等因素,都会对他的性格形成产生一定的影响。

　　所以,要纠正孩子因为急躁的性格而导致的粗心,我们也要找对切入点。

　　如果孩子天生是急性子,那么我们就要理解他,不要抱怨,因为这是他天生的,或者说是从我们这里遗传而来的,所以抱怨根本就无济于事。如果我们因此也变得急躁起来的话,孩子就会更加不知道该怎么应对了。

　　因此,对于天生急性子的孩子,我们自己首先就要收好自己的性子,别那么容易急躁,至少要比孩子耐得住性子。我们要先慢下来,然后才能引导孩子慢下来,而孩子在看到我们的沉稳表现之后,多半也会逐渐平静下来。

　　这时我们应该宽容一些,接受孩子可能出现的不完美状态,也不要催促他,多跟自己说"不着急"的同时,也要安慰孩子不要着急。

　　当我们能稳定自己之后,就可以采取一些更为详细的措施去帮助孩子。

🍂 第一，教给孩子又快又好做事的方法。

拥有急躁性格的孩子总希望能又快又好地把各种事情做好，而对待作业，他也是有着同样的期待。但一着急就很容易出错。所以，我们最好是教孩子一些能又快又好地做事的心得，让他经历一些神速而圆满的做事过程，给他一些信心。

就拿作业来说，孩子若想又快又好地完成作业，就需要掌握好基础知识，并且提升自己读题、理解题的速度，这些都需要他平时日积月累的锻炼，久而久之自然会做得熟练。其实这种马虎，只要我们勤提醒，孩子多半都能记住，也会很快纠正过来。

🍂 第二，别让孩子为了逃避而做事。

有时候，孩子为了敷衍作业，总是很着急地就做完了，结果错误连连。这时，我们则要了解一下孩子为什么会产生逃避或敷衍的心理，是因为不想做，还是因为不会做，又或者是有其他原因？了解之后，要先帮助孩子摆脱这些干扰性心理，如果他觉得有困难，可以向我们求助。

不过要提醒孩子注意的是，逃避或者敷衍都不是正确的学习态度，出了问题要赶紧解决问题，而不能总是以逃避来应对，敷衍过去的作业最终受损失的只能是他自己的学习。所以，不管遇到什么事，孩子都应该正视学习。

🍂 第三，教孩子克服学习中的厌烦情绪。

前面提到了逃避学习，孩子可能会因为害怕而逃避，但有一部分孩子对学习真的很厌烦，会觉得那么多知识学下来很麻烦，或者是觉得本来已经会了还要做作业很麻烦。

产生这种想法本身就是不正确的，所以我们在纠正孩子的粗心马虎之前，就应该先帮孩子扭转对学习的看法。还是同样的过程，先了解一下孩子为什么如此讨厌学习，是因为很难，是因为老师，还是因为其他事情？如果是因为学习很难，就帮他解决那些难点，鼓励他迎难而上；如果是因为老师，就提醒他学习是为了自己长知识，而不能因为讨厌老师就不学了，老师也很辛苦，可能他的教学方式孩子不喜欢，但老师却都是为了他能学会在努力；

如果是因为其他事情,也要好好了解一下孩子的想法再做决定。

总之,要让孩子记住一点,那就是学习是他不能因为厌烦就不做的事情,因为这是他身为学生必须要做的事情,他要学会克服困难,并能专心学习。

第四,一定不要总是刺激孩子。

对于急躁的孩子,不管我们用什么办法纠正他的粗心马虎,都最好是委婉温柔的,避免刺激到他,否则他会更加急躁。我们可以通过练字、画画、下棋等活动来帮孩子平复心情,逐步磨炼他的性子。

对于孩子的问题,我们最好不要当下就训斥或者教育他,可以等过一段时间之后再和他讨论解决。

# 紧张和轻敌导致的粗心马虎

一位11岁的女孩一直是班里的好学生,考试成绩总是名列前茅,但是最近的两次考试,老师却发现了她的一些异样表现。

这两次考试女孩的成绩都不算理想。不过,第一次考试的时候,老师监考时发现女孩一直面带微笑地答题,还时不时地摇摇头,然后快速地写下答案,一副信心满满的样子。可是这次考试结束后,女孩却因为粗心在好几个不该出错的地方犯了错,导致白丢了十几分。

而第二次考试的时候,老师发现女孩的表情与上一次截然相反,她自始至终都眉头紧锁,本来不热的天气,她却还会有汗珠从额头冒出来,整个答题过程她都死死盯着试卷,没有一丝放松的意思。可最后成绩出来后,竟然比上一次还差,因为女孩这次干脆就忘记了做卷子背面的最后一道题,导致整道题都没有分数。

最终老师在和女孩的妈妈交流时说:"孩子这两次考试失利的原因,都是粗心马虎,不过第一次是因为轻敌,而第二次则是因为紧张。我们要从这两方面下手帮帮她。"

像这个女孩所表现出来的马虎,并不一定所有孩子都会有,但很多孩子身上也会存在要么是紧张要么是轻敌所导致的粗心马虎。

紧张的情绪会让孩子的神经高度紧绷,此时他的心理压力也会逐渐增压,对于心理承受能力并不那么完善的孩子来说,紧张就会让的注意力那根弦因为绷得太紧而断掉,结果反倒没法好好看题了。所以,就会很容易出现漏看、错看,甚至少做一道题等情况。

而轻敌则是和紧张相反的一种情绪,轻敌会让孩子的自信心爆棚,认为什么都不在话下。轻敌也是导致孩子不注意看题的一个重要原因,正因为他觉得自己什么都会了,自己什么都注意到了,所以才会忽略了各种细节,而这种忽略也势必会导致粗心马虎的出现。

对于因为紧张情绪而导致的粗心马虎,我们的主要应对办法,就是要帮孩子减少紧张的情绪,帮他放松下来,减轻他内心的心理压力,让他不再那么紧张,那么他的粗心马虎情形自然也就减少了。

🍃 第一,在学习上别给孩子太高的期望。

学习是孩子最主要的任务,所以很多妈妈都会对他的学习看得非常重,平时也会对他有严格的要求。即便是作业,有的妈妈也会要求孩子做到一题不错,结果孩子便慢慢背上了沉重的心理负担,总觉得如果学习不好就会对不起妈妈,总认为如果自己连作业都做不好,就不是好孩子。

有了这样沉重的心理负担,孩子当然会越来越紧张,他会担心自己的表现,生怕一个不小心就出了什么问题。可正是这种心理才导致孩子无法逃避的粗心和马虎的出现。

所以,我们也要对孩子的学习看得开一点,成绩并不是检验他是不是学会了的唯一标准,只要孩子付出了自己的努力,只要他掌握了知识,我们就该对他宽容一些。我们不那么步步紧逼,孩子自然也就能逐渐放松下来。

🍃 第二,帮孩子缓解在学习方面过强的"自我加压"。

有的孩子属于个性比较好强的人,所以他会不自觉地自己给自己加压,在学习上他会要求自己必须达到某个水平,或者必须要考到什么水平。如果连作业都做不好,他也会对自己很失望。

有希望自己能表现良好的想法,是值得肯定的,但是我们不能让孩子带着这样的想法去学习,这样他的学习就成了为了竞争而学习,他将迷失在这种学习情形中。

所以,我们可以告诉孩子,不要给自己那么大的压力,学习就是应该轻松愉快的,如果让自己从身到心都那么劳累的话,这样的学习势必是失败的。我们要向孩子表达自己的看法,告诉他我们不会对他的成绩看得那么重,他自己也没必要那样紧张,放松一些学习,也许就不会总犯那些低级的错误了。

第三,用一些简单灵活的方法来教孩子缓解紧张情绪。

紧张的孩子要放松下来,也需要一些小方法。比如,听听音乐、散散步,做做他喜欢的活动,玩玩他愿意加入的游戏,帮助孩子合理安排他的作息时间,让他有足够的休息和娱乐的时间,以调整时刻紧张的神经,等等。

而对于因为轻敌所导致的粗心马虎,我们则可以这样来做:

第一,不要总是表扬孩子"了不起"。

容易轻敌的孩子,多半都是在各方面表现较好的孩子。他可能屡次经历成功,或者也曾经挑战过一些困难,最终也成功了,所以他觉得自己有轻敌的资本。

其实孩子的这种态度来自哪里? 还是来自我们。平时,我们不要因为他的一丁点儿成绩就给予很高的评价或表扬,尤其不要总说他"你是最棒的"或者说"你真了不起",而是要多夸奖他努力的过程,让他意识到自己努力这个过程是正确的,这会让他更愿意努力,也就不会太骄傲而导致轻敌了。

第二,经常提醒孩子注意巩固基础。

其实,轻敌也可以从正面来看,就如那句军事名言所说,"在战略上藐视敌人,在战术上重视敌人",意思就是,孩子可以看轻那些作业题,但是他的这种信心要建立在牢固的基础之上。要提醒孩子,经常注意巩固自己的基础性学习,以保证不管遇到什么问题都不会因为基础不牢固而无从下手,而这也是避免出现粗心马虎的一个重要步骤。

# 过多重复练习导致粗心的出现

前面曾经提到过一点,让孩子注重基础知识的巩固,有的妈妈可能会抓住这一点而让孩子不断地进行基础性练习,也就是总是让孩子进行重复练习,美其名曰"熟能生巧"。

虽然很多练习的确会让孩子能记住某些知识的运用过程,但是,如果练习的次数过多,会有可能出现物极必反的情况,使孩子变得麻木,对重复了千百遍的知识忽然没了感觉,到了需要使用的时候,反倒无法从头脑中调用,粗心就自然而然地出现了。

这样的情况,可能也会是我们所无法预料的,来看一位妈妈的经历:

儿子总是很粗心,每次老师让做抄写生字的作业,他都会出现抄错的情况,为了让他记住,这位妈妈不得不让他多抄写几遍。

可是最近,她发现儿子作业中的错误更多了,有时候抄写很多遍的生字,还是会出错。更有一次,她发现儿子抄写了20遍错的生字。这位妈妈很想不通:按道理应该越练习越熟练才对啊,怎么练习那么多遍反而错得更厉害了呢?

这个孩子的情况,其实就是重复练习的次数太多导致他身心疲惫,结果出现了粗心的问题。

如果仔细想一下,这种情况的发生也是必然的,孩子的注意力本来集中的时间就短,重复性的练习,让他不得不时刻集中注意力,这样他的身心会非常劳累,学习能力也会不知不觉下降,到最后他的练习可能就变成了纯粹的照葫芦画瓢,可能根本就没有从脑子里过,这种疲劳战术下的学习,又怎么可能有效果呢?

所以,不要让孩子在疲劳状态下去学习,不要对于孩子的粗心问题总是抱怨,我们也该找找更合适的解决方法了。

    **首先,不要总是用重复性练习来对孩子进行"学习轰炸"。**

重复练习并不是让孩子进行练习的最好办法,偶尔一两次的重复可能会有效,但如果总是重复练习,孩子会觉得枯燥,也会产生厌烦情绪。不妨选择同类型的题目来进行训练,这样既能起到练习的作用,也不会让孩子因为总是做同一道题而感到无聊。

    **其次,要让孩子的身心获得足够的休息。**

做作业需要的是一个集中的时间段,而不是一段集中的时间。也就是说,孩子做作业可以在一个时间段内,分成几部分来写,尤其是作业比较多的时候,中间应该有休息的时间,以让孩子的大脑和身体得到足够的休息,保证继续的学习。

不要把孩子按在书桌前命令他一动不动,最好是和孩子一起给他的作业制订一个合理的时间计划,保证孩子既能学习又能休息。

    **最后,选择合适的方式来激励孩子消灭错误,继续学习。**

学习的方法多种多样,最好根据孩子的特点来选择适合他的方法。简单粗暴地重复,既能导致粗心的发生,同时还会让孩子感到疲惫,也许对某一些孩子是管用的,但肯定不适用于所有的孩子。

所以,我们不如找找其他的学习方法,比如,鼓励孩子建立学习的短期或长期目标,让他能逐渐减少错误,并实现学习的目标。而我们也要适应这些方法,要多鼓励孩子,不要总是想着惩罚,孩子只有愉快地学习才能学有成效。

# 怎样面对孩子习惯性的粗心马虎

粗心马虎也能成为习惯，用一位妈妈的话来说："孩子身上的粗心，就像是一种魔咒，他的作业里面一定会出现因为粗心导致的错误。"另一位妈妈说："每次孩子拿回老师批改后的作业，我几乎都不用翻，里面肯定会有写错的字、有抄错的题、有少写的标点符号、有写错的数学符号，唉……我都不知道该说他什么好了。"

可是对于这种习惯性的粗心马虎，很多孩子却不以为然，有一个孩子是这样说的："不就是马虎吗？又不是什么大错。那些知识我都会，反正就是作业，错了也无所谓，考试的时候我不错不就行了？无所谓了！总得让老师也画一画叉子吧？总打对钩多无聊。"

看看，孩子还如此这般调侃老师，丝毫不为自己经常犯的错误而感到遗憾、惭愧、内疚，甚至觉得那就是家常便饭，不值一提。

粗心马虎怎么能是小错呢？习惯性的粗心马虎会给孩子未来的所有学习和工作埋下无法估量的隐患。孩子总是为此自我解脱，那么粗心马虎将会在他身体里扎根，事情绝对不会像他所期待的那样，"到考试的时候就不马虎了"只是一种美好的愿景，已然形成的习惯绝对不会因为他所做的事情发生改变而有所变化。习惯会推着他很"自觉"地去继续粗心马虎，这是他无可逃避的。而等到他长大之后，粗心马虎也会影响他的生活、工作，未来将会有一大堆问题等着他，到时候他可能想调侃都无从说起了。

所以，面对孩子对待自己粗心的这种态度，我们可不能附和着他，也简单地一笑了之，当然总是去批评也没什么意义，毕竟他都已经成了习惯，所以我们应该采取一些更为有效的措施。

➤ 首先，让孩子意识到粗心马虎是很严重的事。

对习惯了粗心马虎的孩子，其实对粗心马虎的严重性都存在严重的认识不足。他会有这样一种想法："所谓粗心，就是把本来能写对的东西写错了，那么既然本来能写对，就代表我还是有那个能力的，只不过现在没发挥出来罢了，所以不用着急。"

我们要帮他扭转这样的想法，可以把他以前出现过的粗心马虎的地方都找出来摆在他面前，让他看看自己白丢了多少分数，也提醒他，他的每一次马虎都是在减少老师和其他同学对他的印象分。

另外，也可以找一些新闻中提到的因为粗心马虎而带来的重大事故，让他看看他口中的无所谓所造成的严重影响。要用这些来使孩子意识到粗心马虎其实并不是他所想的那么简单，要引起足够的重视。

➤ 其次，提升孩子的责任心。

孩子的粗心马虎，其实也从另一个角度证明了他缺少责任心。正是因为他对自己的学习没那么负责任，所以才会不那么认真对待作业。所以，我们要减少自己对孩子的各种干涉，不管是学习还是生活，都要尽量让他自己去处理，鼓励他自己将事情做完做好，让他具备足够的主动性，责任感得到进一步提升。

➤ 最后，"慎于始"，帮孩子纠正习惯性的粗心马虎。

要纠正孩子的习惯性粗心马虎，我们可以尝试从一些全新的事情上对他进行培养。比如，找一件孩子之前从来没做过的事情，从一开始就提醒他，做事要认真，要考虑全面，如果他因为粗心马虎犯了错，就要受到相应的惩罚，包括可能会减少已经预定的去游乐场的次数等惩罚，这样会让孩子对粗心马虎这样的错误逐渐加深印象。

当孩子完全体会过一次完美地、没有任何粗心地完成一件事之后，他也会体会到这种美妙的感觉，也许他会更主动地想要纠正自己的这个坏习惯。

# 引导孩子建立"粗心马虎档案"

如果如前所说,孩子的粗心马虎已经成了习惯,那么我们假如只是在他一犯毛病时就批评他,他可能当时会表现出愧疚,并有悔改之意,但是下次他可能依然如此,毕竟习惯使然,不是一次两次的说教就能奏效的。

而且,单纯的说教只是一种口头的教育,人的记忆本来就存在遗忘曲线,可能训斥后的几天内,孩子会有印象,但随着时间延长,他就会慢慢忘记这个教训,所以下一次才会再犯。

这就像是一个恶性循环,孩子如果总也走不出来,那么粗心马虎就会变成他身上的标签,不仅影响他的学习,还会影响他未来的工作,更会影响他在众人心目中的印象,从而间接影响他的人际关系。毕竟,谁愿意和一个总是粗心马虎的人在一起呢?

所以,在应对孩子的粗心马虎方面,有一种与众不同的方法,我们不妨试一试。这个方法就是,引导孩子建立一个"粗心马虎档案"。

这个档案中留存的,都是孩子在写作业的过程中,因为粗心马虎而犯下的种种错误,因为是他自己亲身经历的,所以会对他有一定的警醒作用。通过经常翻看这样的档案,通过对过去与现在之间的比较,孩子也许就会对自己粗心马虎的习惯进行及时的反思,从而自我监督,产生想要改正的意识,并付诸行动。

那么,该怎么引导孩子建立"粗心马虎档案"呢?

🍃 第一,告诉孩子"档案"所包含的内容和形式。

"粗心马虎档案",内容应该包括一次粗心马虎发生的时间、在什么地方出现了问题、应该怎样改正、如何避免再犯,等等。这个内容也不一定拘泥于孩子的作业或者考试,生活中他因为粗心马虎而犯下的种种错误,也可以记录进去,这将会让孩子更能意识到粗心马虎给他的生活和学习带来的影响。

而"档案"的形式也不一定非是手写的,也可以是电子版的,或者是经过一定的设计做成的卡片。当然,不建议将这个"档案"做得很花哨,否则孩子的关注点可能会因为花哨的"档案"设计而发生转移。

🍃 第二,提醒孩子经常翻看这个"档案"。

"粗心马虎档案"既然建立了,孩子就应该经常翻看,不要将"档案"当成一个单纯的记事本,记录在上面的东西是一定要随时看,不要留存后就再也不理。

孩子最好经常翻看,一边看还要一边回忆、对比,看看"档案"中的那些"粗心马虎",现在是不是还在犯,自己都改正了哪些错误,自己如今又有哪些新的问题存在。这种经常性的翻看,会帮助孩子不断查找自己的错误,使他能通过"档案"的监督,减少粗心马虎错误的再犯。

🍃 第三,别让孩子因此"档案"而感到羞耻。

这个"档案"只是一种记录而已,不代表孩子的不好,更不是孩子的罪孽,也不是孩子留下的所谓的可以让我们不停训斥他的"罪证"。也就是说,我们不能总拿着这个"档案"说事,以免孩子因此而感到耻辱。否则,如果孩子因为这个"档案"而受到了伤害,那还不如不做"档案"。

我们要保持一种和蔼的态度,要宽容看待孩子的问题,如果他有了进步,我们就该鼓励他,并对他的改正效果给予积极的评价。可以告诉孩子,我们更期待他的"档案"越写越少、越来越薄,也相信他一定可以改掉粗心马虎的毛病。

# 放手让孩子去承担粗心大意的后果

如果家有粗心的孩子,我们选择的教育方法,多半都是训斥、说教,而且颇为苦口婆心,颇为"诲人不倦"。但我们可能同时也发现了:教育得越勤,孩子反倒犯得越快,他似乎对自己粗心大意这件事毫不在意。

可能有妈妈就会问了:"那是我们的教育出错了吗?"不,孩子粗心大意当然是不对的,我们对他开展教育也是正确的应对表现。只不过,我们可能选择了不恰当的教育方法。对待孩子的粗心大意,其实有一个非常有效的方法,那就是放手让他自己去承担粗心大意的后果。

比如,孩子的作业少做了一道题,他自己并没发现,但我们检查的时候发现了。这时,如果我们直接告诉了他,他当然会马上补上,从而免于受到老师的责备。可是如此一来,孩子却会感到很"安心",因为他知道即便自己粗心大意也并没什么大问题,毕竟妈妈总会在后面帮他兜着,一定会帮他处理因为粗心大意而带来的各种后果,所以他根本就不会有多担心。

但这样真的好吗?本来该是孩子自己来应对和解决的粗心大意的问题,却要身为妈妈的我们来帮他承担后果,这对孩子就是一种放纵,他会逐渐习惯我们的照顾,并产生依赖心理。

所以,当发现孩子真的已经形成这种依赖习惯时,就该是我们改变教育方法的时候了。此时,我们不要再操那么多心了,若是孩子再那么粗心大意,后果如何,全都让孩子自己去承担。

就像前面提到的,孩子少做了一道题的作业,我们完全可以不用提醒他,假如他自始至终都没有发现自己的问题所在,那就让他将这没做完的作业交给老师。老师应该会因为他没做完作业而批评或者提点孩子几句,有的严厉的老师还可能会有相应的惩罚措施。

经历过这样一件事之后,孩子可能会抱怨我们,他也许会说"为什么不告诉我少做了一道题",这时我们应该平静地回答他:"因为那是你自己的作业,有问题应该要你自己去发现,如果你没注意到,那最终的结果就该你自己来承担。"

当然,如果我们一直以来都在帮孩子处理他粗心大意的后果,突然有一天不管他了,他也会有所不适应,所以我们最好选择更为合适的方法来让孩子意识到,我们将不再是他因为粗心大意的行为而产生不良后果的"处理者""包办者""全权大臣"。

首先,逐渐无视孩子对我们的求助。

孩子一旦因为粗心大意而犯了错误,他可能就会将目光投向我们,有时希望我们帮他处理一些问题,有时则干脆想让我们帮他彻底"打扫战场"。

有的妈妈即便想要让孩子自己承担后果,但心有不忍。她会觉得孩子犯了错误本来心里就不好受,如果还要承担那些后果,对他不公平。

这种想法是错误的,我们若要放手,就要放得干净,不能还给孩子留着一根手指头以便依靠。当然,我们可以逐渐无视他的求助。比如,一开始我们可以劝他"我知道你会受到批评,不过这是你自己的问题,你应该好好想想";过一段时间我们就可以用眼神或动作安慰他,而不再多说什么;直到最后,我们可以平静地面对孩子,让他自己意识到,如果是自己带来的不良影响,要由自己来承担和面对。

其次,不要讽刺孩子的粗心大意。

"我看你就是喜欢闹着玩儿!每回都让老师骂一顿才舒服,真是不嫌丢脸啊!"

"就你那粗心大意的劲儿,我都嫌弃,你也好意思?"

"你就粗心吧,回头没人愿意理你!"

……

有的妈妈为了不让孩子因为粗心大意而依赖自己,可能会选择用这样的一些冷嘲热讽来使他退缩,或者说让他能记住。但实际上,我们的这种讽刺性话语,并不会让孩子记住他的问题,反倒会让他时刻记住我们的态度。

他会因此而感到委屈,更会有一种被瞧不起的感觉,慢慢地,他会觉得粗心大意是个不可赦但又无可奈何的错误,一开始他可能会觉得有些悔恨,可时间久了,他也就变得麻木了,要么破罐子破摔,要么从此消沉下去,更有甚者,原本只是因不小心而导致粗心,结果叛逆心骤起,反倒故意犯错了。

所以,别讽刺孩子,我们的目的是要让孩子能自己承担粗心大意的后果,而不是让他彻底对自己失望。可以让他看到粗心大意所带来的危害,但同时也要给他一些信心,提醒他注意到自己的责任。当然,也不要忘了给他鼓励,这也是他改正错误的动力。

🍃 最后,提升孩子对不良后果的承受能力。

孩子因为粗心大意而所要承受的不良后果表现为:老师的批评或者惩罚;有的是同学们看似无意的嘲笑;因为没做完作业而导致练习量不够,结果就会对某些知识点掌握得不那么熟练。这还只是作业中的后果,生活中若是他继续粗心大意,那么他就还要承受比这更恶劣的后果,比如,考试记错了时间而错过重要的选择时刻,工作一个小小的疏忽却导致一项大工程的失败,等等。

孩子可能会被这些后果打垮,因为任何一项后果都会让他感到难堪或者痛苦,更有的还会让他付出不小的代价。

所以我们不能只是专注于让孩子承担后果,还要锻炼他的承受能力。可以提前向孩子讲明白粗心大意会带来哪些后果,然后提醒他,如果后果一出,那么他就要自己去面对。不过,这些不良后果并不代表他不可救药,我们当然也不会因此就不再喜欢他,所以他应该专心于改正自己的错误,以这些后果为戒,时常对自己敲响警钟,从而彻底改掉毛病。

# 第七章

## 写完 ≠ 万事大吉
### ——指导孩子写完作业要检查、善后

对于写作业这件事，很多孩子都会将它看成是一项任务，只要能写完，那这个任务就算大功告成，他就能快速地丢掉作业本，立刻投入到玩耍之中。但是作业写完了并不等于写作业这个过程就完成了，我们还应该指导孩子学会检查，保证作业的完成度与准确率。

# 孩子为什么不爱检查作业

事后检查,这本来应该是一个顺理成章的行为,可对于很多孩子来说,事后检查却经常被他们遗忘。尤其是在做作业这件事上,很多孩子奉行"作业写完就拉倒"的原则,只要写完最后一个字,就立刻把书和本子装进书包,一副万事大吉的样子。

很多孩子都不喜欢检查作业,有时候,让他检查反倒会比让他写作业更难。很多家庭中可能都遇到过这样的情景:妈妈提醒已经在收拾书包的孩子:"作业检查了吗?"孩子要么是敷衍着说:"查了,没错!"要么就摆着手不耐烦地回应:"别管了!"还有的则干脆就不理会妈妈的问话,然后找机会开溜。

有的妈妈会说:"这检查作业怎么就比写作业还难呢?多检查一遍,作业的正确率就能提升一些,而且还能避免少做、漏做,这简直就是应对粗心大意的一个法宝呀!这么好的方法孩子怎么就是不用呢?"

其实孩子也有他自己的原因,若要想让孩子养成检查作业的好习惯,我们就要先了解一下孩子到底因为什么而拒绝检查作业。

🍃 第一,检查作业太浪费时间了。

有很大一部分孩子会有这样一种想法:"写作业就用了快一个小时,再检查一遍,还得从头开始看起,一遍下来,又得浪费不少时间。早晚这作业都得交给老师,有老师给评判不就得了?所以检查也根本没必要。"

这其实就是一种比较狭隘的认知,这意味着孩子并没有认识到检查作业的重要性,所以我们可以提醒孩子检查会给他带来哪些益处,比如,可以帮他查漏补缺,可以帮他尽早改正错误,等等。当孩子意识到检查作业并不是在做无用功时,他也许就不会那么排斥检查作业了。

接着,再去调动孩子检查作业的积极性,可以让他看看检查到底能用多少时间,在这段时间里又会让他的作业有哪些改观,当孩子感受到检查的好处之后,也许就会对检查作业的看法有所改变。

**第二,妈妈会替孩子检查。**

更多的孩子不愿意检查作业的原因,其实出在妈妈身上。因为妈妈太过于尽职尽责,总是在孩子写完作业之后就立刻帮他检查,结果孩子形成了习惯,认为检查作业应该是妈妈的事而不是自己的任务。

帮孩子改变这个观点最直接的做法,就是不再主动要求帮他检查作业,可以和他一起进行检查,而且主要是由孩子来检查,我们在一旁起到一个提醒或建议的作用就足够了。

**第三,就算检查,孩子也看不见错误。**

有的孩子对自己很自信,认为自己不会出错,这才不愿意检查;有的孩子检查作业时只是大概扫一眼,速度很快,当然也就发现不了错误,所以他认为检查是没用的。

针对这样的情况,我们就该教孩子学习正确检查作业的方法,让他知道该检查什么,提醒他哪里才是他该格外注意的。在孩子学会了正确检查作业的方法之后,他也就不会再这么盲目地一看就过了。

**第四,只要不检查,就不会发现错误。**

还有一部分孩子会有这样一种奇怪的想法,他会觉得,好不容易才把作业都写完,如果再检查出错误来,不是还得重新写吗?所以,只要不检查,就不会发现错误,因此也就不会再多做一遍作业。

这样的想法可就真的是掩耳盗铃了,我们应该告诉孩子,错误不会因为他不检查而消失不见,如果他不检查、不改正,这个错误就永远都是错误。不能总是把错误留给老师去发现,只有自己发现的错误,才会更加印象深刻,而经过自己的努力改正之后的错误,才能让他在改正的过程中彻底掌握知识。

# 告诉孩子,做完作业后一定要检查

尽管我们发现了孩子不愿意检查作业的原因,尽管我们也针对这些原因进行了努力,可还是会有孩子对检查作业这件事并不那么在意,会觉得我们是不是在小题大做,觉得就算不检查也没什么大不了的,毕竟以前他从来不检查也没有出过什么大事,不是吗?

孩子的这些想法,从他的角度来看也许是对的,可是他的视角太狭隘,我们要从更为广阔的角度来帮他分析检查作业这件事,以最终提醒他,做完作业后一定要检查。

有位妈妈是这样做的:

对于孩子不检查作业这件事,妈妈一直觉得无计可施,不管是劝说还是训斥,孩子软硬不吃,高兴了就草草看一眼,不高兴了根本就不管妈妈在说什么,自顾地收起作业本,该玩就去玩了。

后来有一次,孩子刚好高兴,不仅检查了一次作业,还改正了一道题。妈妈夸道:"看来还是检查作业好呀!你看,如果你不检查,作业本上就要多一个红叉叉,很难看的!不过你检查了,相信你这次作业上一定全是对钩,老师也会给你个满分做奖励的!"

孩子听了很是得意,忍不住对妈妈说:"您放心,以后我一定天天检查,保证天天给您拿满分。"后来,孩子果然如自己所说,每次做完作业都会检查一次,妈妈觉得自己偶然的那句夸赞的话真是神奇极了。

由此可见,我们不能只是一门心思地想要用单纯的劝导性语言来让孩子检查作业,而是要找一找合适的方法。

🍃 第一,告诉孩子检查作业的重要作用。

很多妈妈在劝导孩子做作业时,总是从反面去劝导,比如会说"如果你不检查作业就会有好多错,有错你也改不了",或者是"不检查你就会一直错下去,以后你的错会更多",等等。虽然向孩子摆出不检查作业的害处也是一种警示方式,但是孩子就此对检查作业就只会留下一些负面的印象。

所以,别总是说"不检查作业就如何如何",还是多说说检查作业对孩子的好处吧。孩子应该更愿意看到自己变好的表现。所以,我们倒不如这样跟孩子说:"每次做完作业之后如果及时检查,那么你会把错误扼杀在刚冒头的时候,多了不起啊!自己发现了问题,自己解决了问题,展现给老师的就是一份比较完美的作业,妈妈力挺你自己检查哦!"

🍃 第二,引导孩子选择最恰当的时机检查。

写完作业之后,什么时间检查最合适?有的孩子选择刚写完作业立刻就检查,有的孩子则会放着等到什么时候想起来了再检查。其实,这些时机都不合适。刚写完作业立刻就检查的孩子,思维还停留在刚才的作业之中,所以即便有错,也会因为习惯性思维而无法从全新的角度去考虑;而放着等想起来再检查的孩子,又因为时间隔得太久,导致有些题可能会想不起来当时怎么思考的,这也就失去了检查的意义。

所以,孩子写完作业之后,可以稍微等一会儿,整理一下书本,同时拿出另一个科目的作业本和书本,将其准备好,在这个过程中,可以让大脑休息一下。然后再打开已经做完的作业,从头开始检查。这个时间刚刚好,写完后不久,大脑有了瞬间的休息,对作业中的题目还存有记忆,这时检查起来也就相对自然顺畅一些。

🍃 第三,提醒孩子检查在作业做完之后再进行。

有些孩子的心里装不住事,如果我们总是提醒他"做完作业后一定要检查作业",那么他的心里可能就会总想着检查这件事。虽然边写作业边检查也不失为一个检查的方法,但是这样的方法也并不是适用于所有的孩子。所以,如果孩子在做作业的过程中总是想着检查,那么他就有可能会无法认真做作业。

所以,要提醒孩子,检查作业完全可以放到作业都做完之后再做,而该做作业的时候认真去做就好了,不要想得太多,以免最终检查一堆错误。

# 详细地指导孩子都应该检查什么

虽然我们一直在提醒孩子要检查作业,但还是会发现孩子总是检查不出什么来。从表面看上去,孩子似乎是在一道题一道题地看,一页一页地翻,可当他把所谓的"没问题了"的作业拿过来时,我们还是能找到问题。

一位妈妈问自己的儿子:"不是让你好好检查作业吗?"

儿子皱着眉回答:"是啊,我是从头到尾看的。"

妈妈却说:"说谎吧?有错你都没看出来,还说自己检查了?糊弄谁啊?"

"我没糊弄妈妈!"儿子反驳道,"就是检查了。"

妈妈说:"那你还没看见错误?"

儿子噘着嘴:"就是没看见,不就是把作业再看一遍吗?我都看了,就是没错。"

其实话说到这里,我们就应该能明白了,孩子的确没有说谎,他也的确检查了作业,但是他意识中的"检查作业",不过就是"看一遍"罢了,再确切些说,他可能压根儿就不知道检查作业应该检查什么,所以只能简单地看一遍了事。而如果孩子并不知道检查的内容,也就不知道该注意看哪里,就好比是笼统地扫一遍文字一样,找不到重点,也找不到需要注意的细节,当然也就检查不出什么来了。

所以,我们不能只是催促孩子"你一定要检查作业",最重要的是应该详细地指导孩子该如何检查作业,让他知道检查作业到底都应该检查什么。

🍃 **第一,检查作业题目的完整性和准确性。**

翻看作业本后,孩子第一眼应该先看看作业题目自己是不是抄对了,或者有没有抄完整。

如果是数学题,就要看数字、符号、运算符号是不是抄写正确;如果是语文,则要看题目的要求有没有抄写完整,比如,有的题目除了要抄写生字,还要用其中的几个生字组词,那么孩子就要格外看看这后面的关于组词的要求是不是也抄写上了。

另外,也要确认题目要求是不是抄对了,比如,有的数学题目会要求"列出竖式",如果孩子错误地抄成了"不列竖式",那么这个作业他可能就白做了;还比如,有的语文题目要求"找出不同",假如孩子抄成了"找出相同",那就把作业完全做反了。

所以,确保题目的准确性与完整性就是检查作业的第一个重要且不可缺少的步骤。

第二,检查解答的格式、步骤与答案。

当题目确保抄对之后,下面孩子就可以检查自己的解答部分了。

首先是看解答格式,就如第一点所说,要确定题目所要求使用的格式,要按照题目要求去做,不要错误理解。

然后是看自己做题的步骤是不是准确,有没有少做一步,有没有哪一步出现了运算错误或书写错误,如果有要及时改正。尤其是如果这一步是关键步骤,那就更要尽早改正,虽然有可能这一步的改动会导致这道题的下半部分都白做了,但也不要偷懒,最好从错误的地方重新开始改起。

最后就要看看这道题得出的答案是不是符合计算的过程,有没有出现丢失小数点、忘记分号、少写一个零等问题,有没有出现少写一遍生字或者漏掉一个组词、造句等情况。

还有一点,就是要确保自己的答案应该是合理的。比如,如果孩子得出的答案是,楼高 1 000 米,这样的答案就值得思考了,因为这是不切合实际的答案,孩子就要回去看看自己的计算是不是出了问题。

第三,检查自己经常容易出错的地方。

越是容易出错的地方,才越是孩子要认真注意的地方。孩子一般都会知道自己哪里最容易出问题,所以也用不着他人提醒,孩子自己最好能提醒自己。

比如,有的孩子会在标点符号的地方出错,有的孩子一造句就有问题,有的孩子一列竖式就容易写串行,还有的孩子总是忘记点小数点,等等。对于这些容易出错的地方,孩子要多看两遍。

另外,有些孩子在看题的时候就容易疏忽,所以最好将题目和自己的解题过程多对照几遍,以保证不出错。

第四,重点检查自己曾经遇到障碍的地方。

对于每一个孩子来说,不是每一次的作业都能顺利地、没有任何障碍地做下来,总是会有一些做不出来的情况出现。对于这样的地方,孩子也应该重视起来,最好多做几遍,以确保后面所得答案的准确性。可以多读一读题,多列一列解题步骤,如果还是拿不准,可以向我们请教,也可以和其他同学商量一下。当然,我们鼓励孩子自己多思考,提醒他要认真观察,找到问题的切入点,并用心思考,争取自己解决问题。

# 提醒孩子,检查要认真,要"少而精"

为了发现问题而用心查看,这就是检查的定义。其中有"用心"这个词,就意味着孩子在检查作业的时候一定要认真,否则不认真的检查就是糊弄了事,毫无意义。

但是,很多孩子总是在做这毫无意义、浪费时间的事情,他们所谓的检查作业,只不过是在做一个样子罢了,看作业的速度非常快,一目十行不说,还经常会跳着看,很多细节都被漏过去了。而且,孩子的心思也根本不在检查上,似乎只是在摆一个检查的样子,检查的结果多半不见成效,很多问题即便很明显,他也一样检查不出来。

所以,若要检查作业,就要提醒孩子认真对待,我们也可以给他提这样几点建议:

第一,用对待新作业的态度去对待检查。

检查作业虽然是检查已经做过的作业,但是我们鼓励孩子用对待新作业的态度去进行检查。因为如果面对的是新作业,孩子就不会被做作业时的一些思维定式所框住,他也许就能从另外的角度去思考作业,从而发现一些最初没有注意到的问题,纠正已经出现的某些错误。

第二,不放过任何一个细节。

认真的一个重要表现就是要关注作业中的所有细节,所以也要提醒孩子多注意各种细节,比如,计算的时候,"＋"与"÷"是不是写串了,写字的时候,有没有少一点或者少一横,写英文字母的时候,"b"和"d"有没有写错,等等。注意到这些细节,就会让孩子的作业少许多粗心大意带来的问题。

第三,对于有把握的地方也要认真。

在检查的时候,有些孩子对于自己有把握的地方往往会一带而过,因为他们认为自己一定不会在这些地方出问题。但是很多时候,恰恰就是这些有把握却被遗忘的地方,藏着许多让人意想不到的问题。

所以,提醒孩子即便对某些地方非常有把握,也要认真对待,该有的检查一样不能少,要细致对待,绝对不能只是一眼就扫过去了。

只有认真,对作业的检查才是有意义的,这话虽然是正确的,但是有些孩子却会对此太过重视,或者说有的孩子检查起来又会太过认真,结果导致检查效果反倒没有那么好。

有一个上四年级的女孩在妈妈的教育下,对做完作业之后的检查十分看重,每次检查都格外认真仔细,只要有觉得不对的地方,就会擦掉重新做。有些题可能就是错了个符号,她也会重新写一遍。还有一次抄写生字,只是写错了一个字,她却把所有要抄写的生字都重新抄了一遍。每次做作业她都要花费非常长的时间,甚至还有过熬夜的经历。

这个孩子对作业的检查就有些不得法了,这类孩子的表现其实就是一种没来由的怀疑心理,就是检查得太多了,结果导致正确的作业也被怀疑成错误的,既费时又费力,孩子这样的检查才真是费力不讨好。

检查应该做到"少而精",也就是没必要做到一个字不落地都看完,抓住前一节所说的几个检查重点去做就可以了。尤其是那些容易出错的地方,可以多看几遍、多算几遍。而对于可以完全保证正确的地方,认真读过去就可以了,错哪里改哪里,没必要重新做。

另外,孩子也要合理分配检查作业的时间,争取一遍检查过去,所有的作业都检查完毕,不会因为重复检查而浪费时间。

# 不要代替孩子检查作业

代替孩子检查作业,可能是很多妈妈都在做的事情,妈妈们觉得,自己为孩子检查作业,一方面是自己对他的负责,这表明自己关心孩子的学习;另一方面,自己检查要比孩子检查更细心,也省得孩子检查过后,妈妈还得再检查一遍,还得再帮他发现其他的错误。

但是我们代替孩子检查作业,这培养的到底是谁的细心呢?显然是我们自己的。因为要给孩子检查作业,要保证他不会被老师查出错误并责骂,所以我们就会格外细心。可孩子呢?该怎么粗心还怎么粗心,因为他知道"就算作业出了问题也没关系,反正有妈妈帮着检查,妈妈肯定能帮我发现错误,并督促我改正"。

结果,我们以为自己是在帮助孩子,可实际上,却在无形中"锻炼"出了孩子的懒惰习惯和依赖心理。事实上,孩子总要自己承担各种事情。做作业,然后检查,这本来就是一整套完整的程序,我们不能只让孩子专心于一件事的前半段而不注意事情的后果。否则,将来孩子可能就会形成这样一种习惯:只管做事,丝毫不考虑反思与检查,结果他可能就会出各种状况,而他做事的结果也许会给自己、给他人带来严重的负面影响。

不要觉得代替孩子检查作业是一件多么小的事情,它和未来扯不上关系!其实,孩子现在做的每一件事,和未来的关系都好比是蝴蝶效应,如果孩子现在不注意,那么将来他肯定会吃大亏。

所以,我们可不能因为自己一时的"积极行为",却给孩子的未来埋下隐患。应该让孩子学会自己主动进行检查,这将有助于帮助纠正他粗心大意的坏习惯,让他从做作业这件小事开始,就逐渐培养自己养成细心的好习惯。

如果我们不去代替孩子检查作业,那么我们又能做什么呢?

🍂 首先,不要向孩子展示那么"完美"的作业检查。

孩子各方面的能力本来就不算强,在检查作业这方面也是一样,他一定会出现检查不出来、检查不到位、检查不认真等各种毛病。而身为成年人的我们,有着强烈的教育孩子的责任心,一定会在检查孩子作业方面表现得比孩子好许多。孩子也是有判断力的,当他发现经妈妈检查后的作业错误率会明显降低时,他就会更愿意依赖妈妈。

这样是不可以的,我们不能培养孩子这样的依赖心理。所以,我们就要表现得"弱"一些,每当孩子让我们帮他检查作业的时候,我们可以先不接他的作业本,而是提醒他"这是你自己的作业,我觉得你应该先自己看一遍"。

同时,我们也不要总是给孩子挑出许多他没看出来的错,而是应该反复提醒他,再仔细看一看,要让孩子自己去发现问题,而不是由我们来给他点出来。当孩子具备检查的主动性时,经过几次的练习,他会越来越熟悉检查的过程与方法。

🍂 其次,别在孩子检查的时候干涉太多。

有的孩子之所以会把作业都推给妈妈来检查,是因为妈妈的干涉太多了。每当孩子检查作业时,妈妈可能就会站在一旁,一会儿说"这个字写错了",一会儿又说"那道题算错了",孩子可能还没看到那里,但妈妈已经看到了,而且毫不掩饰地立刻说了出来。如此一来,孩子检查作业的思路都被打乱了,最终他干脆索性就让妈妈来帮他检查。

这就提醒我们,孩子检查作业的时候,他掌握着检查的主动权,我们不要在一旁给那么多建议,完全可以等着孩子检查的结果。当然可以提醒一句"要认真检查",但一定不要跟"扫雷机"一样——时刻准备、及时发现、准确报警,而是要让孩子对自己的作业有完全的自主检查的权利。

🍂 最后,只能给孩子进行大致的复检。

当然虽然不能代替孩子检查,但我们也不是不能看孩子的作业。只不过,我们的看只能是一种大概的复检,要相信孩子的检查,尊重他的检查成果。我们可以发现他的问题,不过不要直接点出来,可以提醒他再好好看看,或者干脆就让他自己承担没有发现错误的粗心后果,让他记住下次检查一定要认真。

# 拿不准的题、错题都要重做

老师在留作业的时候,不会把作业全都留成很简单的题目,一定会有可扩展的题目,也会出现需要孩子好好思考或者联系前后知识进行综合思考才能做的题目。

这时,这些题目对于有些孩子来说,他们可能就会拿不准该怎么做了。而拿不准的题目,孩子就有可能出现做不出来、做不顺利,或者最后做错的情况。那么在检查的时候,拿不准的题目就应该是孩子检查的重点。

关于拿不准的题目,我们可以建议孩子这样来进行检查:

🍃 第一,多看看原题。

很多条件都在原题中会有所体现,所以要鼓励孩子多看几遍原题,把所有能找到的条件都列出来,然后根据条件来分析题目所给出的信息,从而搞明白要解决一个怎样的问题。

之所以要鼓励孩子多看原题,是因为很多孩子在看题目时,总会重点关注最后题目问的是什么,然后就会把注意力放在最后这个问题上。可是所有问题都是有来由的,孩子只有先把前面给出的条件都弄明白了,才能确定题目想要问什么,才会理解题目所提出的问题。

在阅读题目的过程中,孩子没准儿就能意识到自己当初做题时哪里考虑得不周到,或者哪里根本就是想错了,这也有助于他后面的检查。

🍃 第二,多注意已经用到的公式、定理或者其他方面的知识。

检查时,孩子要好好分析一下自己用到的公式、定理或者其他知识是不是符合题目要求。如果是公式,就多带入计算几遍;如果是定理,就将自己列出来的算式放到定理中去检验一番;如果是其他内容的解答,就要把相关知识与自己的答案相结合来读一读,看看是不是与自己所学的知识相符合。

🍂 第三,检验最终结果是否正确。

好不容易将题弄明白了,好不容易找对了解题的方法,那么接下来检查的重点就该是看看最终结果是不是正确。关于计算的部分,孩子最好多验算几遍;关于需要长篇解答的部分,就要多读几遍,看看有没有漏写的部分,有没有写得不顺当或者前后有矛盾的地方,若有就要在检查这部分的时候及时改正。

除了拿不准的题目,错题也是需要孩子重视起来的检查内容。

一道题做错了,可不是将答案改成正确的这么简单,尤其是有时候这个错题还是我们发现的,并不是孩子自己发现的,那么只是单纯地让他改正答案,也许并不能让他记住自己的这个错误。

所以,如果有错题,也要提醒孩子好好看一看。

🍂 首先,要让孩子寻找错误的原因。

有的题是孩子因为粗心而出错,有的题虽表面看似由粗心导致出错,可实际上却是其他原因。所以,对于任何一道错题,我们都应该鼓励孩子好好把题目读一读,然后再看看自己做题的步骤是不是与题目的要求有冲突,或者是不是自己理解出了问题。找到问题的原因,再解决起来就能做到有的放矢。

🍂 其次,引导孩子注意自己的改正过程。

改正一道题目其实也应该是孩子消灭一个错误的过程,所以孩子不能敷衍过去,不能打着哈哈把答案改过来就完了。最好还要注意自己是怎么改的、改动了哪里、用到了哪里的知识。孩子只有注意到自己是怎么改正的错误,才会明白自己为什么犯这样的错误。

🍂 最后,提醒孩子下次注意这类的错误。

同样类别的错误,孩子可能不会只犯一次,如果频繁地在同一个地方犯错误的话,就要提醒孩子注意这一类的知识他是不是还没掌握,或者理解有问题。所以对于一类问题的错误,孩子就该综合来看待,检查时,也要尽量多思考一些。

# 誊写"错题本"、利用好"错题本"

孩子的作业本上总会有各种各样的错误出现,这些经常出的错误是每次检查作业的一个重点。若要应对这些错误,我们不如提醒孩子准备一个错题本,把自己曾经做错的题目都誊抄到错题本上,方便日后翻看与复习。

但是有的孩子却觉得错题本会让他感到很不舒服,因为那里面全都是他做错的题,也就代表着他的各种小失败。本来出了错他心里已经很难受了,还要经常翻看这些错题,这也太难受了!

其实孩子有这样的想法也值得理解,尤其是那些要强的孩子,当然不愿意让自己的错误总被提及。不过,我们要帮孩子从好的一面来看待错题本,要让他意识到错题本可以给他带来巨大帮助。

第一,错题本会让孩子经常保持警醒的状态。

错题本中因为全都是孩子曾经犯过的错误,所以每次翻看时,孩子都会回想起自己曾经犯过的错误,并提醒自己下次注意。所以,这个本子就好比是孩子的一个警钟。

之所以要这样做,是因为很多孩子"忘性很大",过不了几天就忘记了曾做错的题,这样的话,他下次可能会重犯。而有了这个本子做警钟,孩子就不会那么轻易忘掉自己的问题,每次遇到类似的题目时,他就都会格外注意,以保证自己不会再犯错。

第二,错题本可以帮孩子做好问题总结。

孩子在学习的过程中,犯下的错误也是分散的,如果一个一个去回想,恐怕多半问题都会想不起来,因此很多问题就被忽略了。如果孩子有错题本就好办了,错题本已经帮他记录好了各种类型的错题,只要勤翻看,就能很快发现自己曾经在哪些地方出过问题,而复习的时候也会更加留意,下次做题的时候也会更加注意防范。

🍃🍃 第三,错题本会帮孩子养成自主的学习习惯。

有了错题本,孩子几乎不用我们催促,就能主动将自己的各种错题记录进本子里,一方面是提醒自己不再犯同样的错误,另一方面也可以总结同一类题型的容易出错点。这样一来,错题本就成了孩子学习过程中的好帮手,从而使他养成自主学习的好习惯。

既然错题本可以给孩子带来这么多的帮助,那么我们就来帮助孩子建立一个错题本吧。

🍃🍃 首先,提醒孩子要认真将错题誊抄到错题本上。

从作业本上向错题本上誊抄错题,也需要孩子认真对待,千万不要出现这样的情况:本来一道题孩子已经做错了,结果从作业本上往错题本上誊抄时又抄错了。如此一来,日后孩子再复习的时候,看的也是不正确的题目,相当于白费工夫。

所以,当孩子誊抄这些错题的时候,要提醒他保持认真的态度,不能因为抄写的是错题就表现得无所谓。尤其是一些因粗心犯下的错题,誊抄的时候更要细心。

🍃🍃 其次,教孩子学会更全面地整理错题。

抄写错题其实也算是一个技术活儿,只是单纯地把题目原封不动地抄写一遍其实并没有太大的意义。要整理错题,孩子还应该注意要把以下部分的内容也总结出来:错误的原因是什么? 自己哪里做错了? 改正之后的解答是怎样的? 为什么要这样来改? 还有没有其他可以改正的方法?

孩子应该尽量将这些内容都写在错题的下面,可以用不同颜色的笔来标明不同的部分,方便日后翻看与查找。

🍃🍃 再次,可以按照科目不同来誊抄错题。

每一科都有每一科的错题,孩子可以按照不同科目准备几个本子,也可以将所有科目都放到一个本子里分类誊抄。不同科目之间最好有所区分,可以采取不同颜色的笔或者用比较醒目的符号。

而根据不同的科目,孩子的错误可能也会有所不同,比如,计算类的题目中,粗心或者公式记错等原因会导致错误;文字类的题目中,记忆出错可能会是错误的原因;分析类题目中,可能就会有审题的原因;等等。不同类别的错误,孩子也要区分来誊抄。

🍃 最后,最好让孩子的错题本越做越薄。

有的孩子对于错题本会有一种错误的认知,认为那就是个错题的集合库,于是只要错了就往里抄写。这样一来,错题本的作用只发挥了一半,而其最重要的作用还没有发挥出来。

我们应该提醒孩子,错题本是要越抄越薄的,也就是说,孩子应该让错题本成为一个警钟,在它的提醒下,孩子应该逐渐减少出错的概率,而且一些相同的错误应该不能再犯了。同时,我们也要鼓励孩子多加改正,争取让他的错题越来越少。

# 引导孩子写一写"作业总结"

虽然说了这么多与作业有关的话题,现在我们再绕回来,问一下孩子这样的问题:"知道写作业的意义在哪里吗?"对于这样的问题,相信很多孩子可能已经知道作业是用来"复习已经学过的知识",或者"多加练习,为考试做准备"的。说出来容易,但是真正让作业产生这些作用的孩子却并不多。

有一个孩子的表现可能就是很多孩子的代表。

这个10岁的女孩平时学习也算刻苦,对于老师留的作业也都会很认真地完成,可是一到考试她的成绩总不理想。妈妈和老师一沟通,才发现女孩的问题所在。原来,一般老师留的作业都是课后题,这些题目大多都与课本中所讲的内容有很大关联,尤其是像数学这样的科目,课后题就只是把书中例题变几个数字而已,就算是照着搬也能把题做出来。可是考试时的题目当然不会这么出,考官对题目要进行或简单或复杂的变化。而一出现这样的题,女孩就不会套用知识了,很多情况下,她也就只能是望题兴叹。

我们的孩子是不是也和这个女孩一样,作业题都会,考试题就不会了呢?这其实就是孩子对知识不能灵活运用的表现。而之所以出现这样的情况,就是因为孩子做作业的过程只是把作业"写"完了,而并没有对题目有什么深刻的思考,结果就导致作业就像"照着例题抄了一遍"。

其实,要解决这个问题,我们可以引导孩子写一写"作业总结",这个总结可以帮孩子总结自己这次写作业的过程中所遇到的问题、解决的困难,以及自己对作业的一些思考,有了这样的总结,就能避免孩子以应付的心理去对待作业,同时也会防止孩子采取抄例题做作业的方式出现。

那么,这个总结该如何下手呢?

🍂 第一,不要把总结写得很烦琐。

对于还是小学生的孩子来说,他们一来作业不多,二来作业没有那么难,因此这个总结没必要让孩子写得很复杂。如果说写一份作业总结会比孩子写的作业内容还要多,那么这个总结显然就超出了孩子可以承受和忍受的能力了。

应该根据孩子的年龄特点和作业内容来安排孩子写总结。当然,这个总结也不是必须要当天完成的任务,如果说孩子的作业特别多,也可以让他在第二天找时间完成总结。

🍂 第二,该写的总结内容一个都不要少。

要总结,也不是一句话就完事的。我们要和孩子讲清楚,总结应该包括作业的内容、孩子完成的程度、难题有多少、不会做的题有没有、遇到了哪些问题、自己想了什么办法来解决、自己检查的情况,等等。可以帮孩子列出表格来,将这些内容列到表格里,总结起来也能一目了然。

🍂 第三,根据作业的内容来确定总结的形式。

虽然是要总结,不过也没必要非得用纸写下来。毕竟有时候孩子的作业没那么多。所以,对于一些比较简单的作业,我们可以让孩子口头说一说;不过如果有容易出错的地方和难点的话,就需要让孩子将这些内容整理一下,做一个总结。

# 教孩子去践行"读看毕,还原处"的教诲

做作业的时候,孩子不可避免地会查找各种资料,包括课本、字典或者其他参考书,可能都会被孩子用到,于是他的桌子上就会堆满好多书。

估计大部分妈妈都会很乐意看到孩子这种埋头苦读的样子,似乎孩子面前放的书越多,就能证明孩子看书越努力。而且看了这么多书,孩子的作业也就会完成得很不错。

当然我们所设想的也许会是事实,有了这些参考书帮助,孩子的作业应该也会真的完成得很好。看到孩子很开心地写完作业,收拾好书包,我们的心里也许也会感到无比轻松。

可是孩子的作业写到这里,他的作业时间就算过去了吗?我们和他是不是都忘记了什么?没错,那就是他摊在书桌上那一堆参考书!参考书就那么摊在桌子上显然是不合适的。他应该做到"读看毕,还原处",也就是说,孩子写完作业之后,要把用到的那些参考书都放回到原处,这才算是他的作业时间圆满结束。

关于这一点,很多孩子并不会在意,而很多妈妈可能也会忽略,结果孩子的作业完成了,却没有养成好习惯,这其实也算是一个疏漏。

有些孩子和妈妈认为这不过是小事一件,毕竟完成作业才是大事,书本以后可能也还会用,不用立马收拾,再说放在书桌上也不算问题。

完成作业的确重要,但把已经用过的书本再放回原处也同样重要。因为这也能培养孩子细心的好品质。所以,我们应该教孩子践行"读看毕,还原处",培养他有"动物归原"的好习惯。

🍃 第一,不要做那么"勤快"的妈妈。

当孩子养不成好习惯时,妈妈就要多找找自己身上的原因了。所以,如

果孩子不能做到"动物归原",我们就要想想,自己是不是帮孩子做得太多了呢?比如,有的妈妈很勤快,看到孩子把参考书摊了一桌子就觉得不能忍受,于是干脆就自己下手帮孩子收拾。虽然我们能很轻易地做到"动物归原",但是那个原处是我们记住的,那些书所摆放的位置也是我们自己记住的,等到孩子下次要用的时候,他要么会因为不知道而不停地问,要么就会毫无章法地胡乱翻找,总之结果都会是,越翻越乱。

所以,为了让孩子养成好习惯,我们就得做一些改变,在孩子的房间里,或者说在他学习的空间中,我们不要那么勤快,这些事都要交给他自己来做。可以提醒他一句"请自己将那些书本收拾起来",然后就不要再说其他话了。如果孩子自己不收拾,那就给他留着烂摊子,直到他想起来收拾为止。

🍃 第二,引导孩子给物品设好原处,并自己记住原处。

物归原处的重点在于"归",归到哪里?原处。也就是说,孩子只有记住自己拿过的那些参考书或者字典等的原处在哪里,才能让这些书真正回归。

显然,这个原处当然不能由我们来给他定,而是要让他自己去确定,并且提醒他要记住原处。比如,有些书可以放进书柜中,或者放到一些特定的架子上。

其实在这个过程中,我们对自己要有一定的要求,那就是不要频繁地改变孩子屋内的物品位置,尤其是孩子的东西,要保证他对某些原处记忆的准确性。

🍃 第三,提醒孩子真正理解"读看毕,还原处"这句话。

"读看毕,还原处"这句话出自《弟子规》,意思是,当把手中的书看完之后,要把书放回到其原来的位置上。就是说,孩子要确保手里的书已经看完了,至少是今天不再使用了,那样才能将书放回原处。

之所以这样说,是因为有的孩子对于有些规矩的认识显得很死板,可能会出现他看一眼书就把书放回去的情况。所以我们也要提醒孩子灵活理解这句话。

　　比如,作业很多,一时半会儿写不完,写到一半要吃饭,剩下一半只能饭后写。这时这些书就没必要收起来,等到饭后把剩下的一半作业都写完之后再收拾也不迟。

# 清理书桌、整理书包、准备第二天的物品

前面提到了"读看毕,还原处",是对孩子所使用的参考书的处理,而实际上,孩子写完作业之后,他面前的书桌、书包也同样等着他来整理,这也是他自己该做的事情。

不过很多小学生却没有很好的习惯,他们总是会把自己的书桌摊得很满,总觉得时间还早,然后等到第二天上学出门前,才赶紧把东西都塞进书包里,一背就走。凡是这样做的孩子,十有八九都会忘记一些东西,或者拿错某些东西。

这显然不是个好习惯,不是正确的做法,在写完作业之后,就应该立刻把书桌清理干净,然后把书包整理整齐,同时将第二天要用的物品也一并准备好。越早做好这些事,孩子才越能安心,就不会在第二天早上手忙脚乱了。

关于这个好习惯,我们可以从这样几个方面入手:

🍃 第一,将清理书桌、整理书包的要领教给孩子。

一张桌子上有很多东西,该如何将他们分门别类地放好? 书包的空间是有限的,又该如何将那么多东西都放进去而显得条理有序? 这些清理和整理的技巧,我们要提前教给孩子。要注意,一定是教,而不是替他做好。可以在第一次收拾的时候,让孩子在一旁观看,把一些需要注意的事情都告诉他。

比如,桌子上的不同的文具该怎么处理,可以放到固定的抽屉中,也可以分门别类——笔放进笔筒,其他的文具放在专用的盒子里;还比如,整理书包时,可以按照第二天课程的顺序来放,把所有科目的作业都放在最上头,方便第二天拿取;等等。这些小细节我们不仅要讲得详细,也要引导孩

子自己多做几遍,直到他能熟悉这些操作。

当然,要提醒他注意认真二字,不能很随便地去清理和收拾,否则如果弄丢了东西或者忘带了东西,麻烦的只能是他自己。

🍃 **第二,养成好习惯,做完作业后就开始收拾。**

清理书桌和整理书包也有一个合适的时间,那就是孩子完成所有作业以及检查无误之后。这时孩子最好立刻就开始收拾,别把一张乱桌子和一个空荡荡的书包留着,清理和整理的时间拖得越久,孩子将越懒得整理。倒不如趁着刚写完作业这个时机,站起来清理加整理加准备,还能让他的身体多活动一下,以缓解伏案写作业时的劳累感。

🍃 **第三,教孩子多方面检查,以确保准备无误。**

前面两点提到的是清理和整理,现在就要说一说准备的各项事宜。学校里的课程安排每天都有不同,所以第二天要上什么课、用什么课本、有没有什么特殊工具(比如画笔等),也需要孩子好好考虑一下,以保证准备时的准确无误。

这时,我们可以建议孩子准备一个专门的小本子,可以记录作业,也可以记录第二天要带的东西。然后在准备的时候,让孩子参照笔记本上的记录来准备,这就能保证不会有丢三落四的情况出现了。

而当孩子准备好之后,我们还要提醒他记得检查。可以有这样一种三遍检查,第一遍是准备好之后的检查,第二遍是睡觉前的检查,而出门前的检查则是第三遍。前两遍的检查可以保证孩子的准备充分,尤其是如果要用到家里没有的东西,还可以立刻去购置,而最后一遍检查也能让孩子记得还有什么东西家里暂时买不到,出门之后也可以立刻购买或借用。

经过这些检查,相信孩子的准备也就能万无一失了。

🍃 **第四,提醒孩子要准备"齐备"。**

关于准备物品,还有一点要特别说一下,那就是孩子最好给自己准备"齐备"。有些东西,比如铅笔、画笔、墨汁,这类东西最好多准备一些,以防止出现一些意外情况。比如,考试前要求准备钢笔(签字笔),如果孩子只拿了一支,那么一旦笔没水了,他的考试就可能进行不下去了。所以,孩子可以准备一支或几支备用的,以备不时之需。不过,孩子也没必要准备那么多,只要有的用就好,带得过多反倒成了累赘。

# 第八章

## 让孩子爱上作业
### ——肯定、表扬、示范一个都不能少

孩子之所以讨厌作业,有时是因为我们会因他的作业出了问题而批评他,甚至是责骂他,从而让他产生了厌烦情绪。所以,要让孩子爱上作业,至少也该给他的作业以肯定,对他的良好表现以表扬,或者给他一个示范作用,这样才能消除他对作业的不良情绪。

# 相信"皮格马利翁效应",相信孩子的能力

男孩甲和男孩乙是好朋友,两人兴趣爱好都差不多,除了一点:男孩甲很喜欢写作业,每天放学后第一件事一定是写作业;男孩乙则非常讨厌写作业,放了学恨不得马上出去玩,根本不愿意碰作业本。

男孩甲劝男孩乙:"好好写作业才是正事。"

男孩乙摇头说:"不,我宁愿去玩。"

男孩甲奇怪地问:"你怎么那么讨厌作业呢?"

男孩乙嫌弃地摆摆手说:"我妈总因为作业的事骂我,不是说我粗心,就是说我的作业写得一团乱,上次还因为我作业错太多差点撕了我的作业本。我才懒得写呢!"

"啊?"男孩甲惊讶极了,"我妈妈倒是不会这样,她总是鼓励我,有时候会给我做个示范,还会因为我写得好而表扬我呢! 得到表扬以后,我就觉得自己写作业一定没问题。"

男孩乙羡慕地说:"唉,要是我妈也能这样,我估计就不会那么讨厌作业了!"

从这个小例子来看,我们对孩子作业的态度,也是影响他自己对作业的态度的一个原因。这就是很著名的皮格马利翁效应。意思就是,人的情感和观念会在不同程度上受到他人下意识的影响。对于孩子来说,他会更容易受到妈妈的影响和暗示。

就作业这件事来说,如果我们像男孩乙的妈妈那样,总是因为作业问题而批评孩子,或者总是说他"就是写不好作业""作业写得太差了"之类的话,那么他也会就此认为自己的作业就是这么上不了台面,以后他可能也会不愿意再写。而男孩甲的妈妈显然选对了方法,她对孩子的肯定、表扬,以及一定程度

上的示范,都让孩子更了解作业,也让他觉得自己做的作业还是有可取之处的,他就此有了动力,当然也就不会那么讨厌做作业了。

有的妈妈会不以为然,认为不过就是几句训斥,如果不训斥,孩子怎么能知道自己哪里有问题?总表扬还了得?他不骄傲得上了天?有了这样的认知,其实就代表我们也是矛盾的。一方面不相信批评会影响孩子对作业的态度,一方面却又肯定表扬会让孩子骄傲。事实上,孩子因为表扬而感到骄傲,本身就是皮格马利翁效应的体现。

所以,别再怀疑皮格马利翁效应的威力了,要想让孩子好好做作业,我们应该相信他的能力,给他一定的肯定与表扬,让他能意识到自己也是有能力的,从而让他能真的不再排斥写作业。

🍃 首先,告诉自己"要相信孩子"。

很多人不会那么轻易就相信别人,即便是自己的孩子也是一样,妈妈总是怀疑孩子是不是能做到某种程度,或者总是怀疑孩子在某些方面的表现。如果总是抱有怀疑的态度,那么我们怀疑的范围就会越来越大,怀疑的程度也会越来越深。

那么,我们就不如先在自己身上用一下皮格马利翁效应,告诉自己"我很相信我的孩子,他可以做好自己的作业"。经常性的自我暗示,虽然一开始会不习惯,那份怀疑也不会那么容易就消失,但是我们只要坚持下去就应该没问题。尤其是我们的任何一个小变化,其实都会引起孩子的注意,当他发现我们正在慢慢信任他时,他也会有所改变,也会想要变好来回应我们的期待。

🍃 其次,不要总那么严肃得对待孩子的作业问题。

一提到作业,很多妈妈往往都会用很严肃的态度去应对,似乎只有这样,孩子才会意识到作业对于他来说是重要的。但事实上,我们这种严肃的态度,可能恰恰会让孩子感到忐忑不安,他反而不能正确地看待自己的作业了。尤其是当他的作业有诸多错误时,我们越是严肃,他就会越紧张,时间久了,这种紧张情绪可能就会演变成厌恶情绪。

因此,我们不如也试着放松下来,别总是用那么严肃的态度去对待孩子的作业问题,也可以轻松地和他讨论讨论。

比如,面对孩子不写作业这件事,我们可以说:"嗨,小伙子,今天你好像还有项重大任务没做哦。"

还比如,如果孩子的作业中有很多错误,我们也不妨说:"啊呀呀,看样子我们今天可以来扫雷了,今天你可制造了一个不小的雷区呀。"

这样的一些话语不会让孩子感到很紧张,轻松的语言也许就会让他能听得进我们说的话,也会乐于接受我们给他提的各种意见。

🍂 最后,把批评换成点评试试看。

看孩子的作业时,我们总是习惯看他作业中的问题,却总是会忽视他作业中表现好的地方。所以我们可能会习惯性地指出他的问题,并加以批评,但显然孩子并不愿意听批评。那么我们倒不如把批评换成点评试试。

点评就意味着不仅要提到不好的部分,也要提到好的部分,可以夸奖他做得好的作业,对于做得不好的地方也不要直接严厉地训斥,而是可以点出问题、提出建议,帮助孩子改正。

# 孩子写作业犯错，妈妈应该感到庆幸

本来并不难的作业，孩子却写得一塌糊涂；原本可以很轻松就应该写对的题，孩子偏就做不对，面对这样的情景，很多妈妈都会觉得郁闷，想要生气的感觉怎么压也压不住，对孩子的表现感到很失望，同时也让孩子意识到他需要改正，需要不断完善自己，否则妈妈可能就不会给他好脸色。

面对我们这样的态度，孩子当然会表现得很紧张，于是他会害怕自己的作业再出错误。可是事不如人愿，他越是怕什么，就越是来什么，他的作业似乎总也不能让妈妈满意。而我们对他的表现也会觉得很是头疼，甚至会认为，孩子是不是真的就那么笨，连个作业都写不好。

其实仔细想想看，这不就是一个恶性循环吗？我们生气孩子作业中出现错误，孩子对我们的态度感到紧张，然后他又会出更多的错，我们就会越来越生气。很明显，这样的恶性循环并不是我们所希望看到的。

如果想要让孩子在写作业这方面的情况有所改观，我们就该换一个态度。要让之前那种严厉的并且可能是愤怒的态度销声匿迹，转而变成一种庆幸的态度，也就是说，要庆幸孩子在作业中出现了错误。

不要觉得这是在说笑话，我们真的应该庆幸孩子是在作业中出了错。

想想看，作业都是日常的练习，都是对所学课程的复习，也是对所学知识的综合运用的一种考查手段。孩子在作业中如果出了错，就代表他在某些方面掌握得还不那么熟练，对某些知识可能还存在理解漏洞，那么这时的更改错误、弥补漏洞，才是最及时的修正，也是允许范围内的修正。

否则，如果孩子现在的作业看似做得都很好，也没有错，我们也觉得很高兴，可一旦到了考试的时候，尤其是那些重大的考试，他若是犯了错，有可能就会再也没有弥补的机会了。

所以,我们应该庆幸孩子是在作业里出了错。那些典型的错误,越早在作业中发现,就证明我们可以越早帮助孩子改正,从而保证他在未来的考试中不会出现类似的错误。

不过,就算我们对孩子作业中的错误感到庆幸,也不要表现得太夸张,正确表现出我们的态度来,才会让孩子知道他具体应该怎么做。

🍃 首先,对孩子的作业有基本的了解。

有的妈妈并不了解孩子的作业,结果孩子一出错,妈妈就觉得他不好好学习。但实际上,孩子的错误有很多种,不同种类的错误有各自的原因,并不都是孩子不好好学习才导致出的错。

所以,我们首先应该了解孩子的作业,知道这些作业中都会考查孩子哪些知识,他会从中学到什么。而通过检查孩子的作业,我们也要注意到他经常会在哪些地方犯错,或者经常会犯什么样的错误。也就是说,我们要对孩子的作业有一个比较全面的了解,这样才不会错误地进行不合适的教育。

🍃 其次,引导孩子注意到自己的错误。

虽然我们要庆幸可以在孩子的作业中发现错误,但也要引导孩子意识到这一点,他要注意到自己都犯了怎样的错误,是哪方面出了问题,可以从哪方面入手来解决,或者采取怎样的方法来解决。

这个引导也要心平气和,不要给孩子留太多的悬念,别说"自己看",而是要说"回忆一下老师讲的内容,看看问题出在哪里"。这也是对孩子的一种指导,从而让他更快认识到自己的问题。

🍃 最后,提醒孩子这些错误对他的意义。

孩子在作业中出现错误不能只是我们庆幸,孩子也应该为此感到庆幸。正因为作业中提早发现了错误,所以他才能尽快改正,而且被允许改正,这种改正也是我们和老师都希望的。这些错误就是对他最及时的提醒,越早发现,才会越早改正,孩子的知识体系才会越来越完善。

　　同时我们也要表明自己的态度,告诉孩子,我们不会因为他的作业出了好多错误就抱怨并严厉地批评他,也不会因为他的作业做得不好就不再爱他。他也不要因为这些错误而情绪低落,而应该勇敢面对这些错误,并积极改正,且要配合我们的教育来完善自己的学习。

# 要让孩子感觉写作业是一件很快乐的事

对于很大一部分孩子来说,写作业并不是一件愉快的事情,在他们的心里,对作业都是有这样一种感觉:

本来放了学,就是想要好好玩一玩或者休息一下的,结果还非要坐在桌子前耗上那么长时间,写作业!老师上课都讲过的东西了,还非要再写一遍,真是麻烦死了!要是再写错了,没写完,妈妈就得不停唠叨,老师也拉长了脸,想想都觉得不舒服。

但是就如这一章最开始所提到的,孩子本来对写作业并没有那么高的"仇恨值",对于他来说,写作业本来还应该是一件很新鲜的事情。可是,随着时间推移,他对写作业的态度如此急转直下,孩子为什么对写作业感到如此"无爱"?好多孩子大喊着"累感不爱",对作业便也敬而远之,这其中的原因的确值得我们思考。

其实有一个最直接的原因,那就是他觉得写作业不快乐。孩子做事是以快乐为标准的,如果某件事让他觉得不快乐,那么他就会讨厌这件事,若是再被强迫着做他感觉不快乐地事,他就会觉得更为烦躁。

所以,若要孩子能安心主动地去写作业,我们应该让他感觉到写作业是快乐的,让他能快乐地解题,并快乐地从题目中掌握知识。

第一,别总用学习成绩给孩子以压力。

有位妈妈对孩子的作业情况很看重,总是对孩子说:"作业就是一次次小考试,你只有把作业做好了,一道题都不错,那将来考试的时候你才会有底。所以,你得先保证作业全对,你以后的考试才会更保险,这样你的学习成绩才能上去。"

作业本来就是对孩子当天学习的一个检验,虽然作业会与学习成绩有一定的关联，但并没有到完全影响，甚至决定成绩好坏的程度，所以我们不能用学习成绩来逼迫孩子去写作业，否则他会认为作业就是一项重大而艰巨的任务，一旦完成得不好，他的心理压力就会倍增。

第二，教孩子快乐写作业的方法。

写作业也可以快乐地写，而这些快乐的方法则要由我们来教给孩子。

比如，可以将作业题目当成一个又一个任务包，每完成一个任务包，就可以从妈妈那里获得一个笑脸标志，集齐足够的笑脸标志，就能得到一本自己想要的书。

还比如，写作业的时候，可以总结一些有意思的记忆知识的方法，编个顺口溜，自己读一读、念一念，或者和妈妈一起念一念，感受知识中的快乐。

或者，发现作业题目中的一些有趣的现象，无论是数字的排列或者文字的组合，都能成为可以探讨的地方。

当然，我们也要提醒孩子，这些快乐只是作业的附属品，可不是作业的主要内容。这些就只是为了让孩子保持一个放松的心情，好让他能更愿意主动去写作业。

第三，避免孩子将作业过于当游戏。

如前所说，不能让孩子将作业当成游戏去做，毕竟游戏可玩可不玩，不喜欢玩可以不玩；可作业不一样，不管喜欢不喜欢都得做，而且如果每天都有作业，就要每天都要做。所以，我们也要提防孩子将作业过于当成游戏。

如果发现孩子有注意力不集中的嫌疑，就要及时提醒他将注意力放回到作业本身中去，让他更专注知识的学习，而不是别的事情。

# 及时表扬孩子的每一个进步

看到孩子有进步,我们当然会感到开心。不过,我们开心的原因似乎也分级别,比如,很多妈妈对于孩子在考试中的进步会格外注意,因为考试成绩就体现出来孩子是不是进步了。但是,对于孩子其他方面的进步,有的妈妈似乎就没那么在意了,尤其是作业上的进步,更被有些妈妈所无视。

有位妈妈这样说道:"作业太简单了,不过就是教科书后面的练习题,和教科书上讲的例题没什么区别,就算孩子全做对了也没什么,他完全可以照抄教科书前面的内容呀!谁知道他是怎么写完的作业?再说了,这些作业也没什么难度,随便一写就行,还能翻参考书,就算他把作业做出来了,感觉也不是他自己的本事。所以,作业上的进步,我觉得并不那么值得重视。"

如果妈妈都是这样的态度,那么孩子当然也就没有好的感觉了。

可是,孩子的进步并不一定都是在知识上的进步,而且作业中的进步也代表孩子有一颗求上进的心,我们为什么不宽容一些去看待这种进步呢?当我们可以真诚地面对孩子每一个哪怕很小的进步时,孩子会感到放松,更会感到开心,而再面对作业时,他可能也就不会有那么排斥的心理了。

所以,一个帮助孩子有更大进步的法宝就是,及时表扬孩子的每一个进步,哪怕那个进步是在作业中出现的。

也就是说,我们首先要注意到孩子作业中可能出现的各种各样的进步。

提到孩子的进步,可以是很多方面的,有知识性的,比如他学会了一个定理,掌握了一个公式,记住了几个生词,活用了一句英语对话;也有表现性的,比如他的字写得更工整了,他的语言表达更加通畅了;等等。

所以,我们不能只将注意力放在孩子有没有学会知识,是不是不再写错题这样的进步上,而是要看到更多,要看到孩子在每一个方面、每一个细节上的进步,发现他的这些进步,并且将其记在心里,以示对这些进步的重视。

当了解到孩子的确有了进步之后,我们就要用真诚的语气来表扬这个进步。

我们可以简单而平静地说出他有了进步这个事实,并且点明我们对他这种进步感到很开心,并且还要提醒他注意以后继续努力。

如果有些进步很小,我们也不要敷衍了事,别总是说:"不错,继续努力!"最好是针对他的这一项进步来发表一下看法,这也会让孩子感到自己各方面的努力是值得的。

如果有些进步真的很了不起,我们也不要过分表达,不要一上来就说"你是最棒的",而是应该对他的努力表示肯定,同时也要注意,切记不要说出"我就知道你一定能行,你本来就聪明"这样的话,别给孩子留下"我一直很牛"的印象,而是要让他意识到,他能取得现在这样巨大的进步,和自己的努力是分不开的。

只是表扬还并不算完,为了防止孩子就此止步不前,我们还要从这些进步来鼓励孩子从更多方面努力。

有的孩子一听到表扬就会飘飘然,然后可能就会觉得自己已经很了不起了,接着就什么都不做了。这样是不行的,我们要引导孩子意识到,他现在的进步不过是未来道路上的一个小阶梯,他要踩着这个小阶梯继续向更高的阶梯上迈进,而不能就此停步不前,只有不断努力,他才会看见更多更美丽的风景。

# 不要用物质和金钱去"激励"孩子写作业

　　为了让孩子能顺利地把作业写下去,或者为了能保证孩子专心地把作业全写对,我们可能会想各种各样的办法。有的妈妈会采取高压措施,在一旁监督着孩子;有的妈妈会选择严厉说教,各种很重的话带着威胁直接砸向孩子;还有的妈妈则选择"蜜糖措施",用各种物质和金钱的奖励来激励孩子,只要他能写作业,就奖励他各种想要的或者想不到的东西。

　　如果说前两种方法是明显的不合适的督促方法的话,那么第三种物质和金钱奖励"激励"孩子写作业的方法,就是最为错误的方法了。这样的方法最开始可能会很有效果,然而随着时间推移,孩子会逐渐习惯这种方法,等到日后妈妈若是再用,就不仅是方法失效这么简单了,孩子的表现可能会让我们都感到不可理解。

　　有一位妈妈就给孩子定了这样的规矩:只要他每天都能把每一科作业写完并保证写对,妈妈就会给他相应的奖励,一科作业10元钱。孩子感觉很开心,只要写完作业就有钱可拿,这对他来说是一个很大的诱惑。于是,开始的一段日子里,孩子每天都认真地做作业,然后就把写完的作业本摆在妈妈面前,等着妈妈给"结账"。

　　很快,孩子口袋中的钱就多了起来,有时候一星期下来钱都花不完,问题也随之而来。妈妈发现孩子不那么认真写作业了,甚至回家后都懒得打开书包。

　　妈妈问:"怎么不写作业呢?老师会批评你吧。"

　　孩子摆摆手说:"没事,明天去了一抄就行。"

　　妈妈惊讶地问:"自己写多好,难道你不要妈妈给的奖励了吗?一科可是10元钱啊!"

孩子无所谓地拍拍自己的裤兜说:"我昨天写作业的奖励还没花呢,不要了,所以我不想写作业,太麻烦了。"

这样一句话,把妈妈惊得不知道该说什么了。

仔细想想看,孩子说的似乎没错,不想挣钱了,所以就不写作业了,老师要是检查,随便一抄也能应付了事。金钱的奖励,彻底扭曲了孩子对学习的态度,也让他觉得钱太好挣了,不想挣就可以不挣,这其实代表他的金钱观也出现了问题。

由此可见,我们不可以用金钱奖励来激励孩子学习。而同样道理,物质奖励也是不可取的,不恰当的物质奖励也会让孩子误以为写不写作业是可以被拿来作交换的资本,他也同样会有错误的物质需求观念,还会增加他不该有的物质欲望。

所以,关于孩子写作业的奖励问题,我们也要好好斟酌思考。

**第一,从一开始就不要将作业与奖励挂钩。**

总是有妈妈认为在孩子学习上是需要给一些奖励的,一来是鼓励他继续努力,二来也可以让他知道我们对他的学习是非常关心的。

其实这样的想法很没有必要,如果我们总想着,孩子要是写好了作业就给他奖励,那么他也会通过我们的表现来形成一种意识,会认为奖励与写作业这件事彼此之间是可以进行等价交换的。也就是说,给的奖励多,孩子可能才会把作业写完或者写好,否则也许就会拒绝写作业。

显然造成孩子有这样想法的原因,就是我们所谓的作业奖励态度。因此,从一开始就不要让孩子意识到他的作业是可以和奖励挂钩的,而是要通过提醒、引导和鼓励,让他意识到写作业是学生必须要完成的任务,完成了是他学生的本分,完成得好可以获得一些口头表扬,如果完不成,可能要受到惩罚。

**第二,一定不要用金钱作奖励。**

孩子处于年幼阶段时,需要建立一个正确的金钱观,金钱是怎么来的、该怎么花、该怎么省等原则我们都应该通过正确的教育渠道教给他。不要在孩子还小的时候,就开始用金钱作为他做事的奖励,尤其是不能与他的作业相联系。否则,孩子可能会认为,写作业也是可以用金钱来买的,这显然是错误的认知。

所以,管好我们自己手里的金钱,别随便就拿出来当奖励用,而是要让其在更合理的地方发挥作用与价值,同时也能让孩子意识到金钱真正的作用。

第三,可以将一些有意义的奖励作为惊喜。

金钱奖励是我们一定要避免的,那么物质奖励则是我们要斟酌使用的。当然频繁的物质奖励也和金钱奖励一样,时间久了就会变成可以与作业进行交换的东西,他会不断地索求更多的物质来满足自己的欲望。

所以,对孩子也不要使用过多的物质奖励,可以偶尔来一些有意义的奖励当成是给孩子的惊喜。比如,如果他的作业总是得到老师的表扬,那就奖励他一本期待很久的书;如果他不仅作业做得好,知识也都灵活掌握了,考试也因此有了好表现,那就奖励他一次放松旅行;等等。

这样的奖励也不要多,最好不要提前告诉孩子,可以给她一个惊喜,既让他感受到快乐,同时也能带给他一些动力。

# 写作业是一种学习途径，而不是学习目的

关于写作业，有一些孩子总会将其当成学习的目标，如果问他："什么表现最能体现自己在学习？"他很可能会回答说："写作业。"似乎只有写作业才是孩子学习的唯一目的，只要他写了作业，而且还圆满完成了，那他就能理直气壮地说自己已经学习过了。

孩子之所以会产生这样的一种误解，其实主要原因并不全在他，与我们的某些表现也有很大关系。

比如，如果我们总是提醒孩子"好学生就应该写作业""只有把作业写完了才能休息"，那么久而久之，他也会将学习与写作业之间的关系误解为——只要写作业就是学习，或者说，学习就是为了要把作业写完。

可事实并不是这样的，写作业只不过是学习的一种途径罢了，学习还有很多要做的事情，比如，复习学过的功课，将已经学过的知识串联起来，以实现前后知识的联通，保证知识的灵活运用；还比如，预习新的功课，尽己所能地去研究、摸索未知的知识；还有，四处搜集自己感兴趣的知识，不断丰富自己的知识储备，让自己的学习更加灵活、广泛；等等。

如此看来，写作业只不过是学习中一个很小的途径罢了，只是帮助巩固知识的一种手段，确切些说，它可以被算作是复习功课中的一项内容，而且也只是其中的一小部分内容。所以，我们不能让孩子产生这样的误解，最好帮他正确认识写作业这件事。

对于刚开始上小学的孩子来说，意识到写作业也是学习的一部分这的确很重要，因为很多孩子会不知道作业的作用，也会忽略掉这一部分内容，甚至还有的孩子不知道该怎么写作业。所以，我们可以给他讲讲写作业的目的，让他意识到写作业与学习之间的关系。要让孩子从一开始入学时起，

就要明白写作业是帮助他学习的一种方法，并且也是他必须要完成的一项学习任务。老师就是给他布置任务的人，而他就要认认真真地将这份任务完成，不能讨价还价，更不能偷懒耍滑。

随着孩子上学的日子越来越多，作业也就变成了他学习生活中不可缺少的一部分。这时，有的孩子可能就会显出对作业的"不待见"的态度来，比如，觉得作业很麻烦，觉得作业很无聊，等等。而同时，他也会想出各种应对老师和妈妈检查作业的方法来，比如，应付老师可以抄袭，应付妈妈可以撒谎，总之他对作业越来越无所谓，却又很能掩饰。

这时的孩子其实已经对作业有了错误的理解，他不愿意做，但同时又会为自己的行为进行掩饰，这其实就说明，他将作业错误地当成学习的目的，认为只要作业没问题，自己的学习也就不会受到质疑，自己也就能继续想干什么就干什么。

所以，我们也该经常观察孩子，一旦发现他对作业的态度发生了改变，那就好好和他聊一聊。要再次向他重申作业的意义，同时也要告诉他作业在整个学习过程中所占的分量，提醒他注意到学习应该是更为包罗万象的行为，而不只是一个作业就能搞定的。

尤其是等到孩子再长大一些，需要学习的内容越来越多的时候，我们就更要让他区分学习与作业之间的主次关系，让他能从"学习就为了写作业"这样的狭隘认知中跳出来，并能在不丢掉作业的前提下，投入到其他多种多样的学习内容中去，从而保证他多途径地学习，以最终取得好成绩。

# 除了完成作业外,孩子还应该做什么

就如前一节所提到的,作业并不是孩子学习的全部内容,完成了作业,只代表他对当天所讲的课程内容有了一定的理解;而只是完成了作业,也并不意味着他的学习过程就此可以结束了。除了完成作业,在学习方面,孩子还有许多值得做的事情。

前面我们只是笼统地了解了一下孩子需要做的作业以外的事情,那么现在我们就来好好了解一下孩子作业之外应该做的具体的事情。

第一,对旧知识的再学习。

已经学过的知识内容,都是旧知识。孩子的学习显然不能像狗熊掰棒子那样,手里拿一个随手扔一个,而是应该不断地积累沉淀,并综合在一起,以保证这些知识能在日后发挥或大或小的作用。

所以,做完了作业,孩子也要腾出时间来好好翻一翻已经学过的知识。首先要看看课本,看看那些课程中都讲到了哪些知识,课程中又要求掌握哪些知识,自己是不是已经掌握了;把课堂的笔记拿来再翻看一下,看看老师当时都讲了哪些重点知识,有哪些知识对于自己来说是难点,自己有没有掌握;还可以翻翻自己已经做过的旧作业,看看自己当时有没有及时解决所有的问题,如果有问题,到现在是不是已经全部都解决了……

说白了,复习其实就是对旧知识的一种再学习。除了翻看、思考,孩子还应该将已经学过的知识进行一个串联,看看这些知识彼此之间有没有关联,前后都有怎样的联系,尤其是过去的知识在现今的学习中又有哪些运用,这些都是复习时需要考虑的。

第二,对新知识的求知。

尤其是在一学期开始的时候,值得复习的东西其实并不多,大部分的知识都是新知识,那么在这时,孩子除了完成作业,还应该给自己一段时间去预习一下新知识。看看第二天或者最近一段时间里,课本上都会讲什么内容。当孩子心里大概有个数时,就会对课堂上老师讲的东西更加熟悉。

提前预习对孩子上课听讲是有好处的,提前看一遍知识,孩子就能从中发现自己哪里明白,哪里不理解,对于不理解的地方,上课他就会更为认真地去听讲,这也就使得孩子听课的过程变得更有目的性。而也正由于之前已经预习过了,所以他就能很快知道老师讲到了哪里,他也就不会因为来回翻书而忽略掉老师的板书或讲课的内容。

不过,提前预习也可能会给孩子带来一些小弊端,那就是有些孩子因为提前预习过了,可能会觉得那些知识自己都会了,所以上课就不好好听讲了。这是绝对错误的表现,我们要提醒孩子注意自学与老师教授之间的区别,自学只是学了自己所能理解的一部分皮毛,只有老师才可能彻底帮孩子弄明白知识的方方面面,所以孩子不能因为自己只懂了皮毛就放弃了对知识的全面了解。

🍃 第三,进行拓展性学习。

如果复习完了,也预习过了,孩子还可以再进行一些拓展性的学习。所谓拓展,也就是在原有教科书知识的基础上,进行更多更深的学习。

比如,语文课本上提到了一篇古文,出自某本很著名的书,那么孩子就可以去找找看这本书是一本怎样的书,书中除了这一篇文章还有哪些其他的文章,整本书都讲了什么;或者,孩子也可以从这篇古文中所提到的某些元素,诸如山川河流人物等,去展开另外的知识探索。

一般来说,这些知识都是书本上未作要求的,即便不看可能对最终的考试也没有太大的影响。但是,孩子学习知识很明显不会只为了考试,知识积累得越多,才越有利于孩子的成长。所以,我们也应该培养孩子具备足够的探索精神,让他不会只将注意力集中在教科书之上,而是能从中发现更多可以探索的内容。

🍃 第四,还可以有兴趣上的探索。

前面提到的都是和书本知识有关的内容,但是孩子的学习很明显并不只是局限于书本,他还会有很多其他的兴趣爱好。虽然这些兴趣爱好看似和教科书没有太大关联,但是很多兴趣却会拓宽孩子的视野,增加孩子动手动脑的机会,进而也会让他的思维变得更为灵活。

所以,我们也要尊重孩子的兴趣,并善于发现他的兴趣,同时还要鼓励他把自己积极健康的兴趣发展下去。当然,发展兴趣一定要在作业时间之外,不能让发展兴趣的时间占据了写作业的时间,要分清主次。

# 第九章

## 其他需要注意的问题
### ——全面提升作业辅导的效果

孩子在写作业这件事上会有很多需要注意的问题，而作为辅导者的我们，其实同样也有各种各样的问题需要考虑，同时还要寻找合适的解决办法。所以，为了全面提升作业辅导的效果，我们也要在诸多细节方面多下一些功夫，以保证成为一个合格的家庭辅导老师。

# 没时间辅导孩子写作业怎么办

对于辅导作业这件事,一部分妈妈思考的是该怎么辅导,而还有一部分妈妈思考的则是"该如何腾出时间来辅导"。

这的确也是一个现实问题,很多家庭都是双职工家庭,爸爸妈妈都有自己的工作要做。而许多工作单位的下班时间,都不会和孩子的放学时间同步。所以,绝大多数的家庭中都会有这样一种情况:孩子下午放了学,可是爸爸妈妈却没有下班。孩子要么只能在学校里耗时间等着爸爸妈妈来接,要么就是由家里的其他长辈,比如爷爷奶奶或者姥姥姥爷接走。

可是,放学后第一件事就应该是写作业,这样的嘱咐很多妈妈都会对孩子提,但缺少了妈妈的监督和辅导,很多孩子显然又不会对写作业这件事非常投入。这也就是很多妈妈所担心的问题:没时间辅导孩子写作业怎么办?

有的妈妈可能会因此而为自己开脱:"不是我不辅导,而是我根本没时间,孩子作业写成这样,我是又着急又没有办法。"

而有的妈妈则又会有这样一种看法:"老师应该负起责任来,我们工作那么忙,怎么可能总是辅导孩子? 老师要是能给辅导就好了。"

这样的一些看法不能说错,但是有些不讲道理。自己没有时间辅导孩子,我们应该想其他的办法来解决,而不能将这个辅导责任一推就算;老师有老师的责任,也有老师应该做的事情,我们也不能把辅导作业的责任都推到老师身上,我们自己也应该尽到自己那一份力。

所以,如果没时间辅导孩子,倒不如来看看下面这些建议:

第一,鼓励孩子养成自学的好习惯。

学习理应是孩子自己的事情,不可能总需要爸爸妈妈的监督,不能没了辅导他就不知道自己该怎么学习了。

所以，我们要鼓励孩子养成自学的好习惯，教他自觉地写每天的作业，即便不用催促和监督，也能主动地打开作业本。可以告诉孩子，先把他自己能独立完成的作业内容都好好地做完，对于一些比较难的、拿不准的，或者自己根本就做不出来的作业，可以留着等爸爸妈妈回来之后再问。

当然，如果爸爸妈妈出差了，也要鼓励孩子学会用其他方法来求助，比如打电话、上网询问同学或老师，都是可以的。只不过，上网这个方法最好要让孩子少用，以免他被五彩缤纷的网络世界转移注意力。

🍃 第二，改"每日辅导"为其他辅导形式。

一般来说，我们对孩子写作业的辅导都应该是每天进行。因为孩子每天都有可能遇到新问题，或者有新的困难，针对他遇到的问题及时做出回应和辅导，才不会让孩子的问题堆积如山。

但是如果我们当时没有时间辅导孩子，就要灵活处理辅导方式了。比如，如果我们每天工作都结束得很晚，那就没必要进行每天辅导了，完全可以让孩子将各种问题记录下来，等到周末有时间的时候来一个统一辅导；还比如，当我们较长时间不在孩子身边时，他也可以使用电话或者网络来与我们进行联系，我们也可以远程给一些建议和指导。

要注意的是，这样的方法只能解一时之急，我们可能无法更详细地了解孩子每天的情况，所以最好不要长时间使用。

🍃 第三，向合适的人求助。

如果我们做不到及时辅导，那倒不如去寻找其他有时间且更合适的人来帮助我们。比如，可以是家里其他的人，最好是有一定文化的人，至少可以应付孩子小学的知识内容，可以对他的问题进行答疑解惑；还可以是固定的、有责任心的且靠谱的家庭教师，像是那些正规院校成绩优秀的大学生就是个不错的选择，或者是学校里如果有老师愿意在课下进行辅导也是可以的；当然，如果有信得过的邻居，我们也可以向他们求助。

但不管是谁，我们都要确保孩子的安全，不要觉得有人帮着辅导孩子做作业，我们就能高枕无忧，于是彻底撒手不管了。最好是隔一段时间就询问一下，可以问问帮忙的人，也可以问问孩子，及时了解一下情况，不管是学习情况还是彼此的相处情况,最好都要了解清楚。

另外,如果是委托了家人、亲戚以外的人,我们最好跟他约定好时间,更要遵守这个时间,及时将孩子接走,不要把孩子留给相对陌生的人。

第四,试试让孩子和其他孩子一起学习。

其实孩子与孩子在一起,也是学习的一种好方法。孩子们之间会有一种自然而然就存在的互相学习的氛围,尤其是与爱学习的孩子在一起,只要有一个孩子认真做作业,那么其他的孩子也会自然融入其中,一起认真地写作业。

所以,我们可以和其他一些孩子的父母多联系,选择一个比较靠谱且有时间照顾孩子的家庭,聚集几个孩子在一起,度过放学后的写作业时间,这也是不错的选择。

# 文化程度较低,也可以有效辅导孩子

有相当一部分妈妈会因为辅导孩子作业而面露尴尬与愁容,因为她们面临一个很严重的问题,那就是自己文化程度较低,可能连孩子的小学知识都无法予以有效的辅导。而更多的妈妈即便能辅导孩子的小学学习,但到了初中可能就会力不从心,等孩子开始上高中的时候,妈妈也许就处于完全不明白的状态了。

那么这个时候又该怎么办呢?难道我们就这样放手不再对孩子进行辅导了吗?当然最好不要,即便文化程度并不高,但也并不是做不了辅导孩子作业这样的事,关键就要看我们该如何改变自己的劣势,从而能在学习上也给予孩子一定的帮助。

所以,不如选择这样一些方法来试试看:

第一,对孩子做作业这件事始终保持一种热情的支持态度。

很多文化水平不高的妈妈,总觉得孩子的学习是自己插不上手的,所以一看到孩子写作业,自己就躲得远远的,生怕自己的言行举动会影响他。

其实没必要这样,孩子写作业也需要我们的热情支持。比如,为他创造良好的学习环境,帮他准备适用的学习工具,为他提供必要的参考书,或者再简单一些,给他做喜欢吃的饭菜,关心他的冷暖,等等。这些工作都是我们对孩子学习的支持,都是在帮他解除后顾之忧。

不过,我们要避免擅自对孩子的作业指手画脚,不要说"你这样对不对啊?妈妈也不懂,你可不能糊弄了事啊"。这样的话就是对孩子的一种怀疑,我们既然是热情地支持他,就应该相信他,要让它感受到我们对他的关爱。

第二，认真地学一学孩子的课本内容。

"不会""不懂"其实并不能完全算作我们不能辅导孩子作业的"完美"理由，因为我们还是可以学习的。尤其是小学生的课本，就算文化程度低一些，仔细看一看、学一学，我们也还是能看明白的。

所以，我们倒不如认真学一学孩子的课本，或者和孩子一起来学习，与他一起做一做老师留下来的作业。如果遇到问题，也可以和孩子一起讨论讨论，如果我们不懂，还可以问问孩子，这其实也是一种激励孩子学习的方式。而通过我们的学习，孩子也会意识到，连妈妈都能这么认真地学习，那么他也会逐渐培养出一丝不苟的态度与习惯来。

第三，通过仔细检查作业来对孩子起到提醒作用。

虽然看不懂孩子的作业，但我们还是能检查他的作业的。这种检查不是要看作业中的知识内容是不是写对了，而是要看孩子的作业写得是不是工整，有没有出现总是划掉重写或者总是用橡皮擦掉的痕迹，有没有出现在作业本上乱涂乱画的表现，有没有出现完成的题目和老师留的题目数量不相符的情况。

我们的仔细检查，对孩子也是一种提醒，也会让他养成严谨的学习态度与认真谨慎的学习习惯。

第四，经常与老师联系以了解孩子的作业情况。

我们虽然看不懂孩子的作业，但老师一定会了解他作业的详细情况。所以，我们可以通过与老师加强联系，来了解孩子的作业情况。

有的妈妈会觉得，既然有老师，就让老师全权代理算了，自己本来也不懂，也就不用操心了。我们不能这样想，老师有老师的责任，我们也不能放弃自己对孩子的监督。而是要采取一种谦虚且认真的态度，多问问老师，听听老师的描述和提出来的意见，同时也要将孩子在家里的表现告诉老师，让老师能结合孩子的家校表现进行更好的教育，并能给我们提出更贴近孩子特点的教育建议。

# 通过作业来开发孩子的创造潜能

很多妈妈都认为作业应该是一个中规中矩的东西,是要严肃对待的,是要按照老师的要求准确应对的。因为作业是对孩子所学知识的一种检验手段,所以孩子当然要以一种"严格按照教科书所教授的知识内容来应对"的态度去完成作业。

但是我们也看到了这样一种情况,很多孩子的作业完成得近乎完美,与教科书上所讲的公式、定理、原文等都能完美贴合。可是,如果脱离作业,换一种问问题的方式,或者把一些已经学过的知识内容综合起来来提问的话,这样的孩子就会不知所措了,完全不知道该怎么应对。

一般出现这样的情况,就意味着孩子在学习中学得相当死板,或者说孩子的学习缺乏创造力,只能照着已有的课本内容去死记硬背,却不能将知识灵活运用。

其实做作业也同样能促进开发孩子的创造潜能,我们可以提醒孩子跳出照着教科书写作业的死板模式,多方面激发他的大脑潜能,促进他创造力的发展。

有的妈妈会觉得很疑惑,即便想要让孩子有创造力,可作业题就是紧贴教科书的,该怎么创造呢?

这二者并不冲突,要开发创造潜能,就需要孩子具备独立钻研的能力。所以,当孩子开始做作业时,我们就要鼓励他自己独立完成,在这期间,不管遇到了怎样的困难,他首先都应该自己想着去解决,要有怀疑的精神,同时也要有探索的精神。

也就是说,孩子可以对作业中他感到疑惑的地方提出疑问,不过不要在做作业的过程中提出来,而是要记下那个疑问。等到作业做完之后再去好好研究。

这些疑问不一定只是紧扣课本内容的问题,我们要鼓励孩子将思维扩展开。比如,语文作业中会有学习生字、组词、造句等作业,那么孩子就可以对一些生字的用法展开思考,除了用在像课文中这样的情景之外,还能用在什么地方呢?其他文章中的这个字或者这个词又代表什么意思呢?这就是一个疑问和探索的过程。还比如,数学作业中,有些问题并不只有一种解答的方法,如果孩子按照教科书上教的方法解出了答案,那就引导他思考还能不能用其他的方法来解答这道题,或者鼓励他想想到底这道题能有几种方法来解答。

除了拓宽思考的方式,我们还可以鼓励孩子手脑结合,或者鼓励他将问题搬到现实中去进行小实验。有些问题虽然在作业本上可以解答出来,但是放在实际情况中又是怎样一种情况呢?比如,解答数学题,几分钟走多远的路,就可以鼓励孩子去现实生活中试一试,看看这道数学题在生活中的意义是什么;还比如,孩子在英语课上学习了新单词、新句子,我们就要鼓励他去生活中也运用一下;当然还有一些可以动手做的小实验或者教学小模型,我们也可以和孩子一起动手动脑,这样做作业就不只是"纸上谈兵"的事了,孩子会觉得他的学习与生活有如此紧密的联系,他也许会发现学习更大的意义。

另外,在这个过程中,我们也要多和孩子进行交流,尤其是当他说出自己对于作业的一些新想法或者不一样的感觉时,我们要认真听,不要反驳,也不要训斥,即便他说得很脱离实际或者很绝对,我们也该尊重他的意见,可以和他讨论,给他讲讲实际的道理,但一定不要打击他颇有创造性的想法。

# 认真对待给孩子的作业签名这件事

很多孩子做完作业之后,都会找妈妈来给自己的作业签个名。让妈妈签名,多半都是老师布置的任务。老师的意图其实就是想要让妈妈来监督孩子的作业,妈妈签个名就意味着妈妈已经看过了孩子的作业,不管是完成度还是准确率就都能有一定的保障了。

按道理来说,这也算是老师和妈妈联合起来来监督孩子做作业的一个好方法,可是很多孩子却通过观察妈妈的作业签名,为自己打起了小九九。

比如,有一位妈妈每次给孩子的作业签名都非常简单,就只是写一个"阅"字。结果没多久,孩子就找到了模仿妈妈签名的方法,他把妈妈写的"阅"字先用另外一张纸蒙住,并用笔描下来,然后再把写了"阅"字的纸放在需要签名的作业纸下面,再描一遍。每当孩子作业做得不那么好,或者第二天临时抄作业的时候,他都会用这样的模仿妈妈签名的方式来蒙混过关。

还比如,有一位妈妈每次签字都顺手拿孩子写作业的铅笔签,要说这位妈妈也很负责,她总是会把一些建议写到作业的后面。但是孩子每次只要发现妈妈说了他表现不好的话,或者有让老师督促的话,他就会把那些话用橡皮擦掉,只保留一些好听的内容。结果很长一段时间里,老师都不知道妈妈对他作业的真实想法。

看到这里,我们是不是感觉很惊讶?只是一个小小的代表检查作业的签字,里面却也会出现这样多的问题,所以我们也该认真对待给孩子作业签名这件事了。

第一个需要注意的事情，就是我们一定要看完孩子的作业，然后才能签字。之所以要这样说，是因为有一部分妈妈总觉得签字很麻烦，尤其是小学生的作业一般都很简单，妈妈要么觉得孩子肯定能做对，要么觉得自己看得没什么意义，所以往往都直接翻到最后一页，签个字就了事。

这其实是不正确的，既然是要签字，就一定要把孩子的作业真正检查完，每一道题都看一看，然后才能给出最终的签字。尤其是老师在之前提到的一些需要注意的地方，我们要看看孩子有没有改正或者有没有进步，以便在签字中及时反馈给老师。

而看完了孩子的作业，就能大笔一挥，签个名字或者签个"阅"字了事了吗？当然也不行！老师想看的并不是我们叫什么，也不是要欣赏我们能把那个"阅"字写得多么龙飞凤舞。老师关心的是我们对孩子存在的问题有什么样的看法，以及孩子在家中的一些表现。

所以，我们可不能这么简单地就签那么几个字，而是要将孩子的表现、存在的新问题以及我们的一些疑问都写到签字中去。也就是说，这个签字可以成为我们和老师进行交流的一个小平台，老师有来言，我们也要有去语，这样才能家校联合来对孩子进行教育。

另外，有些父母会图省事使用印章，这也是很不合适的方法，这应该会给孩子更多"造假"的机会，所以既然是要手写签字，我们也要腾出时间来完成这个任务。

最后，我们还需要注意一点，那就是给孩子的作业签字，虽然不需要有多么漂亮的书法表现，但也一定要认真，要尽量做到能让老师看清楚我们写的内容。不要使用红笔，不要用铅笔，最好是能用钢笔，当然水笔、圆珠笔也可以。要一字一句地将我们想要表达的内容写到作业本合适的位置上，尽量做到条理清晰，内容言简意赅，尤其是不要长篇大论，毕竟这是孩子写作业的本子，不是我们用来发表长篇意见的地方。

当然，这些意见要中肯，也要中正，不能贬低孩子，否则孩子看了也会觉得不舒服;但也不能反驳老师的意见,或者大肆夸赞孩子,否则就是不谦虚,老师也就不好再说什么了。

也就是说,给孩子的作业签字,我们只有认真严肃且明智讲理地对待,这个签字才是有意义的。

# 要引导孩子重视老师对作业的批改

孩子写完了作业,就要交给老师,老师经过批改,了解孩子对课堂知识的掌握程度,然后再针对作业中可能会出现的问题给出点评或者建议。

这是一个正常的作业行进流程。不过很多孩子显然只重视自己写作业的那一部分,至于老师的批改反倒不那么看重。这部分孩子觉得,只要作业写完了,自己该完成的任务也就算完成了,至于后面的事情就应该由老师去处理。因此,很多孩子对老师的批改并不认真看,只是关心自己是不是全做对了,做对了就不会再看老师的其他评语;如果没做对,那就只改正错误的地方,同样对老师的一些建议采取无视的态度。

结果,老师满怀期待的建议和意见,就这样被孩子忽略了,可能有些问题他自己注意不到,老师提醒他了,但他忽略了老师的批改,因此该有的问题还是存在。久而久之,老师可能会觉得这个孩子屡教不改,而孩子却依然我行我素,这该是一个多大的误会。

而还有的孩子则错误地认为,老师的批改或者评语是写给妈妈看的,毕竟每天妈妈都要检查作业,所以那些话与自己没有太大关系。

我们不能让孩子如此轻视老师对作业的批改,老师如果很负责任地将孩子的一些情况和问题都反映在了评语中,那么我们就应该引导孩子重视这些批改,让他能按照老师的指点改掉问题。

🍃 首先,提醒孩子作业要认真做,不要敷衍了事。

做作业的确是孩子的一项任务,却并不是为了应付老师才做的任务,而是为了帮助他自己更好地学到知识并能熟练运用知识而做的任务。所以,孩子不能为了完成任务就敷衍了事,尤其是不要为了避免受到老师的批评而"忙碌"地抄袭作业。

如果孩子想要得到老师真正为他"量身定制"的批改点评,那么他就必须要拿出自己的真本事,动自己的脑子,用自己的知识,写完自己的作业。这样,老师才会从他的作业中发现他有哪些可提升之处,他才可能获得真正的进步。

    **其次,告诉孩子作业本发下后要先看老师的点评。**

就像前面提到的,很多孩子在作业本返回来之后会先忙着看自己是不是全做对了,如果全做对了,孩子就会松一口气,至于老师提到了什么,他可能也就不那么在意了。

其实孩子就算把作业全做对了,但其中也依然可能存在问题,比如,解题方法可能比较麻烦,或者字写得比较潦草,或者虽然答案对了,但思路有些不正确。我们应该引导孩子更关注老师对他作业的点评,而不是只看作业本上是不是全是"红对钩"。最终答案是不是对了,只是一种表象,孩子应该明白哪里他可以继续保持,哪里又需要他有所改进,而老师的评语会给他指明方向。

所以,要提醒孩子,拿回作业本的第一件事,应该是翻翻看老师都给他在哪些地方做了批改或点评,有哪些问题值得他注意。即便是做对的题目,也要好好看一看,以免漏掉老师在某些方面的点评。

    **最后,可以和孩子一起讨论一下老师的点评。**

对于小学生来说,老师的点评可能有时候会不那么好懂,那么我们此时就可以加入进来,和孩子一起探讨老师的批改其真正用意何在。

对于老师的点评,我们要保持一种平静的态度,不要因为老师指出了错误就批评孩子,也别因为老师的一句夸奖就去对孩子进行没完没了的赞扬。我们和孩子一起讨论的目的,在于帮助他理解老师的批改评语,对于他不懂的地方,可以给他解释一下,或者帮助他解开心里对老师批评的疙瘩,让他能从老师的批改中找到自己进步的方法。

# 跟孩子签订"好好做作业协议"

孩子不好好做作业,我们总是批评,总是教育,总是苦口婆心地劝说,这些其实都只是在解决孩子不做作业的表象问题,孩子还没有从心底真正意识到做作业是需要自己操心和主动的事情,那么他可能就只会依赖妈妈的不断催促。

可是,我们也有很多其他的事情要做,不可能总是围着孩子转,每天都要多一份心思来催促孩子写作业,时间久了,孩子厌烦,我们的教育也会失去效用。

所以,对于不那么好好写作业的孩子,我们就要想一个更为有效的方法。

有一位妈妈给我们提供了一个方法,那就是和孩子签订"好好做作业协议"。

这位妈妈是这样做的。

上三年级的儿子写作业是个老大难,每天不催促不写,就算写了也一团乱,错误一堆堆地出现。为此这位妈妈非常头疼,后来有一天她忽然想起来,在工作中总是会和客户签订各种协议,协议一出,因为具有法律效应,所以双方都要遵守,这比什么口头的催促提醒都管用。

于是,她也试着和孩子签订了一个"好好做作业协议",里面写上了孩子自己目前的状况、改正的情况,还列出了一些相应的奖惩措施。协议的方式对孩子来说很新鲜,而她也真正按照协议中所说的奖惩措施来应对孩子写作业的各种情况。

一段时间之后,尝到了几次奖励的甜头和惩罚的苦头之后,孩子写作业的情况开始有了一些改观,虽然还没达到他最希望的效果,可是看到协议起了作用,她觉得这个方法也还真是有用。

所谓的协议,就是双方或者两方以上的实体对象为了实现某种目的而达成的一致意见。这其实也是对孩子的一种尊重,毕竟在很多妈妈那里,因为孩子不写作业而对他进行训斥都只是妈妈单方面的表现,孩子只是承受催促、教导甚至责骂的一方。

所以,倒不如用这种"好好做作业协议"的方法,来让孩子感受到尊重,同时也感受到作业对他自己的重要性,让他能具备主动意识,如此和平的解决方式,也许更有效果。

🍃 第一,和孩子一起确定协议的具体内容。

从协议的定义来看,要签订一份协议就需要双方共同努力,所以我们不能只是单方面地去规定孩子,否则协议就变成一份禁令了。我们要和孩子一起确定协议的具体内容,包括孩子目前的情况是怎样的,存在哪些问题,我们希望他有哪些改观,如果做不到他会受到怎样的惩罚,如果表现好又能得到怎样的奖励,等等。

协议是要双方遵守的,孩子遵守的是关于作业的那部分要求,而我们要遵守的就应该是奖惩那部分内容,也就是说我们不能违反协议——因为作业问题就随便打骂或者训斥孩子,而奖励也要适当且适可而止。如果我们没有做到,也应该受到一些惩罚,关于我们的表现,也可以列到协议中,当成是附加部分列出来。

🍃 第二,把协议放在一个显眼的地方。

有的妈妈会对这个协议的作业产生怀疑,因为有一部分孩子一开始可能会遵守这个协议,但时间一长他就忘了,结果协议就变成了一张废纸。其实这多半都是我们的问题,孩子对某样东西的注意时间并不会持续很久,如果没有频繁刺激,那么他很容易就会忘记。

所以,协议制定出来之后,我们不要把它收起来,而是最好摆在孩子的书桌前,或者压在孩子的书桌上,要放在孩子一眼就能看见的地方,这样其中的内容才会对他有约束和提醒的作用。

🍃 第三,可以修订协议,但不要频繁修订。

协议签订之后,孩子可能会在协议的帮助下有所进步,那么当他改掉了一部分毛病之后,我们就要及时修订协议,不要让这个协议变成"旧黄历"从而失去效用。

我们可以寻找孩子新出现的问题,然后订立新的协议内容;去掉孩子已经改掉的问题,以免他觉得自己已经都改掉了,从而不再遵守协议。

这份好好写作业的协议,最好是一次订成,日后再修订,我们可不要频繁地和孩子订协议。否则,孩子会觉得修订协议就是一种游戏,随便玩玩就算了,反正如果这次协议没执行好,过不了多久还会有新协议出现。久而久之,孩子将不再遵守协议的任何内容,这个方法也就作废了。

所以,为了达到协议的效用,我们可以给孩子做个榜样,那就是我们要严格遵守协议内容,让孩子意识到这个协议不是儿戏,让他也能打起十二分精神来应对,也就是让他能主动好好去写作业,遵守协议。

# 不要以爱的名义去打扰孩子写作业

"我真不知道该怎么去教育我的孩子了!"一位妈妈失落地说,"就拿写作业这一件事来说,我真是觉得自己操心死了。我也希望他能好好写作业,可他太调皮,我就不得不一次次过去提醒、督促。怕他渴了、饿了,还得时不时送点东西进去;怕他累着,还总得过去问一句。我都这么爱他了,可他是怎么回应我的? 该不好好写作业还是不好好写作业,偷懒、撒谎,真是什么都干得出来。我操碎了心,也伤透了心啊!"

这位妈妈说得很委屈,我们是不是也在有的时候有同感呢? 我们这样关心孩子,但他的不领情的确会让我们感到心寒。

可是,冷静下来想一想,这难道真的是孩子的问题吗? 来个假设情景吧,如果我们在工作中,有人不停地过来打扰,以各种名义来提醒、催促,那么我们的感觉是怎样的呢? 是不是很烦躁? 也一定会觉得自己完全没法安心学习吧?

这就是了,其实孩子的这种不能专心写作业的情况,与我们"以爱为名义"去做的一些事情也有很大的关系。

孩子可能一开始的确是想要好好写作业的,但是我们一会儿送杯水,一会儿过去问一声"都会做吗",小学生那本来就难以集中很久的注意力很快就会变得四分五裂,当他的注意力分散时,作业对他也就再也没有什么"吸引力"了,他当然会变得拖沓、粗心,甚至不愿意再写作业。

所以,我们担忧孩子写作业的情况,但也要关注自己的过分干涉;我们的确爱孩子,可是,别让这份爱成为促使孩子不好好写作业的"元凶"。

我们如果有想要提醒的话语,就要在孩子开始写作业之前赶紧说出来,或者是留到孩子把作业写完之后再说。一旦孩子进入了写作业的模式,我们最好是给他一个相对安静自主的空间。

同时，不管是什么好吃的、好喝的，也不要很殷勤地在孩子写作业的过程中给他送过去。当然，不是说孩子不能吃也不能喝，可以提前给他准备好，或者让他在写作业之前该吃的吃完，该喝的也喝完，也可以给他的房间里放上一杯水或者一个苹果，让他在写作业的间隙来个"小调整"。

另外，有的妈妈会有这样一种表现，突然想起什么事，马上就跑到孩子身边说一句，孩子就不得不从作业中抬起头来，并立刻转换思维来分析妈妈所说的另外的事情，同时给出回答或者其他反应。

而有些妈妈对孩子不好好回答的情况，就会觉得很生气，并就此还训斥孩子。更有脾气暴躁的妈妈一下子就会爆发，一番训斥之后，反倒还要说孩子不好好写作业。这其实就是我们无理的表现了，有事完全没必要在孩子写作业的时候说，如果不是那么紧急，就等着孩子完成作业之后再解决也不迟。

当然，如果有一些非常紧急的事情，我们可以过来提醒孩子一句，但不要频繁地说，要不要处理和怎么处理，都要留给孩子自己决定，我们不能催促他，也不要强迫他停下自己手中的事去做别的事情。

其实对于这种情况，我们可以采取这样一种方法，那就是订一个全家都要遵守执行的时间表，什么时间做什么事，孩子该怎么做，我们又该怎么做，都最好写得清清楚楚。在孩子写作业这段时间里，我们也给自己安排一些事，要么学习、要么工作。这时候，我们和孩子最好两不干涉，这样既保证了孩子的专心认真，也能让我们逐渐控制好自己的情绪和做事的冲动。